JN287420

「捨てる!」快適生活

収納カウンセラー

飯田久恵

Hisae Iida

三笠書房

はじめに
――要らないモノを思いきって捨てたら、こんなにも「いいこと」がある！

「捨てたい、でも捨てられない！　これらのモノが、さっぱりと消えてくれればどんなにスッキリすることか。いっそ火事で燃えてしまったと思えばいいのか……」などと、捨てることに手も足も出ず、ジレンマを感じている人は予想以上に多いものです。

そうです。整理収納の中で、「捨てる」ことほど難しいことはありません。それは、モノの整理にとどまらず、生き方の整理だからです。

捨てても問題ないモノ、未練を断ち切らなければ捨てられないモノ、先を見極めると捨てられないモノなどなど、人によってそれぞれ捨てるときの決断の仕方は違います。

そして、その決断がなかなかできないから、いつか使うかもしれない、ゴミにするのが辛い、捨てていいのかどうかわからない、未練がある、処分方法がわからない……と悩むのです。

本書は、「スッキリ暮らしたい」と思った人が、まずぶち当たる壁、「捨てられない」を乗り越えるための決断方法、未練を残さずに納得して捨てられる方法と、なぜ、それでうまくいくのかという裏づけを、収納カウンセリングを受けていただいた多くの方々の例を挙げながら述べていこうと思います。

このような本を書こうと思った最大の理由は、何を隠そう、私自身がモノを捨てられなかったから。そのために、どんなに苦労したことか……。

知恵を絞ってなんとかモノを空間に詰めてみたり、家具や箱を買って入れてみたり、置く場所を移動してみたり、それはそれは労力も時間も、そしてお金をも費やしてきました。それで一時は、収まりました。しかし、また気になりだして、同じことをしています。

そんなある日、「ああ、やっぱりモノを処分しよう!」と奮い立ちました。「それしかないんだわ……」。そう悟ったのです。ここまでの道のりは短くはありませんでした。

それが10年前。人生で初めて、1回目の「処分の決断実行日」でした。

2回目は2年前、5章で書いている引っ越しのときでした。

その感想は？　と聞いてください。

答えは、あれだけたくさん（トラック2台分くらい）処分したのに、「ああ失敗、捨てなければよかった」と思うモノは、不思議なくらいないのです。じつは、人生初めての処分実行の後は、いくつか惜しいと思うモノがありました。しかし、2回目のときは何ひとつありません。

どうして？　と考えてみました。それは、1回目の決断で、捨てるための心の整理の仕方、捨て方を学習したからだったのです。「捨てる」を実行し、その苦労を味わうほど学習効果が生まれ、〝捨て上手〟になれることがわかりました。それだけではありません。「捨てる辛さ」を知るから、「（むやみに）増やすことへのためらい」が生まれる！　ということも知ったのです。

私は、捨てながら、いろいろなことを考えさせられました。

至れり尽くせりで、何でもあるのが幸せなのか？

便利なことは幸せなのだろうか？

物欲はどこから来るのか？

豊かさとは何なのか？

……などなど。

モノを手に入れるために、長い時間働き、あげくの果てにモノの洪水に溺れる。長い時間働くと疲れる。疲れるから身も心も癒したい。そこで、癒しのモノが欲しくなる。それで、さらにモノが増える。地球本来の自然に癒してもらえば、モノも増えないのに……。

もちろん今の便利さを快適と思っていますが、そのために余計な副産物もたくさん生まれてきました。便利さも慣れてしまえばこれが普通と思い、特に便利とは感じなくなります。多くのモノの中に身を置くと、このへんで足踏みしてもいいのでは？　と考えてしまうのです。

私の場合、「捨てる」ことで少なからず、モノ崇拝主義から解放されたような気がしています。

モノを多く持つ代償にゆとりと自然が失われてきたことを、整理収納の第一ステップ「捨てる」を通じて、ぜひ感じていただきたいのです。

しかし、これを読んでいただいた後も「捨てるのが辛い！」という人は、捨てなくてもいいのです。

この本のテーマと相反するようですが、ここにあるのは幸せになるための「捨てる」なのです。シンプルな暮らしが正しい、などということは決してありません。捨てて落ち込み、悲しくなるのなら、胸を張って、捨てないでください。

私が、「捨てるは、収納の始まり」を提唱して10年。ここにきてようやく、捨てなければ収納は難しいということが、少しずつ認識されてきたようです。

しかし、まだその必要性に気づかずに苦労している方が多いのです。整理収納したつもりがすぐ元の木阿弥《もくあみ》にならないように、「捨てる」効果についてお伝えしたい。その思いもあります。

また、モノを減らさなくても、それなりに上手に収納できる人もいますが、そんな方々には、「もしも、要らないモノを捨てたら、こんなにメリットがある」ということに気づいてほしい、という願いもあります。

とにかく、この一冊で、「捨てても大丈夫！」と背中をポンと押してさしあげたい。そして、身も心も軽くなっていただきたい。そう願って書きました。

飯田　久恵

＊本書では、「捨てる＝処分」とし、リサイクルも含めています。

「捨てる!」快適生活　目次

■あなたは、こんなに「要らないモノ」に囲まれている！　31

③章・捨てる決断、残す判断

「要るモノ」と「要らないモノ」減量作戦の進め方

この思いきった〝発想転換〟で部屋は劇的に片づく！

4章・そんなに要らない！
場所別・モノ別　あなたの家の「必携品」リスト

ムダなモノは即処分！　プロが計算した「いくつあれば間に合うの？」

5章・増やさないテクニック

最強の敵「買いたい衝動」を撃退する！

6章・片づけを楽しみに変える、ひと工夫

思いどおりの素敵な部屋に！　飯田式「魔法のプログラム」

本文イラスト　粕谷和子

1章・いつもの部屋の居心地が一変！

部屋スッキリ、心も軽くなる！「捨てる」整理術

気づいてますか？
あなたの住まいがつけている、こんな〝ぜい肉〟

とりあえず、何から手をつければいいのか？

◇一度片づければ、ずっとスッキリ！　飯田式「整理・収納の法則」

今、片付けのための「捨てる」「シンプル」などという見出しがあちこちの本や雑誌、テレビ番組で見受けられます。いかにも、「捨てる」は片付けの万能薬のように語られていますが、残念ながら、そうではありません。

確かに重要なポイントではありますが、減らした後の残ったモノをどこにどう置くのでしょうか。それを考えることもまた重要なのです。そして、その解決法が整理収納です。「捨てる」だけでも、「収納方法」だけでも、片付く家を維持することはできません。

自分の経験もさることながら、「モノを減らす本を書かなくては」と痛感したのは、私の仕事である収納カウンセリング（収納の指導・相談）をしていたときです。

収納カウンセリングとは、片付けられなくて悩んでいる方々から相談を受け、その方の片付かない原因を知ることから始め、片付く家になるまで、収納の考え方と実践のアドバイスをする仕事です。3時間程度で解決する場合もありますが、「何から手をつけたらいいのかわからない」と何年も悩んできた方々は、たいてい半年にわたってカウンセリングを受けます。

その指導の基本が、次の整理収納のプログラム**「モノが片付く5つのステップ」**です。これは10年前、私自身も必要に迫られて確立させたもので、整理収納に欠かせない、捨てる必要性、整理収納の方法、またその維持管理の方法すべてを含み、効率よく実践できる整理収納プログラムです。

飯田久恵の整理収納の法則「モノが片付く5つのステップ」

STEP－1	モノを持つ基準を自覚する	捨てる
STEP－2	不要品を取り除く	
STEP－3	置く位置を決める	整理収納の方法
STEP－4	入れ方を決める	
STEP－5	快適収納の維持管理	継続させる方法

これは自動車でいえば、運転方法のマニュアルのようなもので、その一部に「捨てる」が含まれているのです。車体は、建物と家具に相当するでしょう。

いくら優れた車体でも運転の仕方を知らなければ走れないように、建物が充実していても収納の仕方がわからないと快適には住めません。また反対に、いくらベテランのドライバーでも車に不都合があれば思うように運転できないように、収納上手でも建物が悪ければ、片付きません。

しかし、すでに建物が決まっていて変えられないのであれば、その中で工夫していく方法はあります。

私は最近、収納に悩む若いお母さんを見ていて、「整理収納」を、子どもの頃から身につけられるように教育の一環として取り入れるべきではないか、と思い始めています。また建物をつくる側にも、整理収納の知恵が必要だと思います。

すでに、拙著、講演、または雑誌などで、整理収納の「モノが片付く5つのステップ」を見聞きしてくださっている方々は、本書の位置づけをこう考えてください。それは、STEP－1とSTEP－2をさらに詳しくして、膨らませたものであると。

このステップにそって整理収納を実行すると、**時間がたってもリバウンドがなく、整理収納が行き届いた、いつでも片付いた家**が実現します。

このステップのことを、本当ははじめに書きたいのですが、「早く捨てたい！」と心が逸《はや》っている人にはじれったく感じられるかもしれないと考え、6章で詳しく書くことにしました。

捨てる必要性を最初に根本から理解したいと思う方は、先に6章を読んでいただきたいと思います。

スタートのSTEP－1と2が「モノを減らす」部分です。なぜ「捨てる」がスタートか。その理由は次のとおりです。

整理収納は一朝一夕にはいきません。山登りのようなものです。しかし、「こんなふうに快適にしたい」という〝頂上〟はあらかじめ想像できるでしょう。

スタートの登山口で荷物を点検し、なるべ

く身を軽くしておけば、早くラクに頂上をめざすことができます。それを、便利かしら？と余計なモノまでぶらぶら提げて歩くと疲れ、志半ばにして下山することにもなりかねません。

余計な荷物は早めに下ろすのが得策。だからこそ、**「捨てるがスタート」**なのです。

適量以上にモノがあれば適所に収まりにくく、その結果、使うたびに探したり、モノの出し入れが面倒になったりします。

つまり、整理収納に、「捨てる」は、「入れる」と同じくらい重要なことなのです。

今までの10年間に百数十件の収納カウンセリングを行なって明確になったことは、スタート時点で「捨てる」ができた人は、短期間に理想の住まいと暮らしを手にすることができる、という事実です。

反対に、この「捨てるがスタート」を理解しようとしなかったり、迷いがあったりすると、いくら時間をかけても変わった、良くなったという成果を感じることができません。

そのようなことにならないように、「減らす」部分を多く語りたいと思ったのです。

◇住まいの〝ぜい肉〟を増やしている、こんな行動

今、私たちの住まいにはぜい肉がついています。もちろん、それは体のぜい肉と同じように生活習慣病につながります。昭和30年代の高度経済成長期から現在まで、たくさんのモノが生み出されました。経済的にも豊かになり、欲しいと思ったモノは何でもなんとか手に入れてきました。

私は、戦争は知らない年齢ですが、戦後、洗濯機をはじめとする家電製品が、次から次へと家の中に入ってくるのを目の当たりにしてきました。テレビ、掃除機などは、子どもながら文化的、豊かという感じを持った気がします。

けれども、その結果、家の空間が減ります。それでも、さらにグレードアップしたい、多機能なモノが欲しいと考え、買い換えをすることになります。家のスペースが狭ければ使わない古いほうは「捨てる」べきなのに捨てられません。

そのように、次から次へと目新しいモノが目につき、便利かもしれない……と買い続けます。そしてあるとき、家の中を見まわし、ため息をつくのです。モノは豊富にあるけれど、本当に気に入ったモノはない。生活を楽しむ優雅さ、ゆとりがない、と。

そのように、日常生活だけを見ても、20世紀、人は本当に多くの種類のモノを発明し、大量につくってきたと思います。その中には、余計なモノもあったかもしれません。

最近では、皆がそれに気づき始めたのです。日本の経済が豊かだったゆえに、住まいに余計なぜい肉をつけてしまった、ということではないでしょうか。

体のぜい肉は、生活習慣病につながります。動作を緩慢《かんまん》にし、一般的に美しさも減少させます。住まいのぜい肉も、面白いほどそれと似ています。

部屋にモノが多ければ、壁は家具で覆い尽くされ、絵ひとつ飾る場所がありません。また、洒落《しゃれ》たサイドボードも、モノを入れすぎると美しくはありません。

歩くのも、家具などを避けながらとなるので、動きがスムーズではありません。どこも満杯になると、適所にモノを配置するなどということは全く無理で、使ったら使いっぱなし状態。探し物も多くなり、人に来ていただくこともはばかられ、イライラが募ります。

床にはモノが一杯なので、掃除も行き届かなくなります。まさにこれが、「住まいの生活習慣病」です。

ぜい肉のせいで発症した生活習慣病の治療にはクスリも服用しますが、なんといっても運動して体重を減らすことが一番効果あり、と言われていますね。

それと同じことで、「住まいの生活習慣病」もモノを減らすのが一番シンプルで効果があります。健康を維持するには食べすぎない。住まいで言えば、モノを増やさないことが重要なのです。

このように、ぴったりと重ね合わせて考えられるので、私は余計なモノを「住まいのぜい肉」と名づけました。

ただ、うれしいことに、住まいのぜい肉をとるほうが体のぜい肉を落とすよりよほどラクです。住まいは、意識を変えればなんとかなるものです。「住まいの生活習慣病」予備軍の方々もそう考えて、徐々に「捨てる」気持ちになっていきましょう。

私は、自分自身のモノ減量作戦からも、「捨てる」は「何を持つべきか？」を考える始まりになり、「自分の生活にとって大切なこと、必要なこと」を意識するきっかけになりました。

もしかしたら、**「捨てることは、生き方のリセット」**と言えるかもしれません。ある程度の年齢になったら、必要なことなのでしょう。

◇「収納用品」を買っても、「収納スペース」は増えない!?

「収納用品を使えば、モノがより多く入る」と思っていませんか？　それは、錯覚です。

例えば、押し入れにキャスター付きのタンスを入れるとすれば、厳密に言えば、最低でもその家具の板の厚み分スペースが必要です。すでに隙間《すきま》なくモノが入っていれば、反対にその厚み分のモノを出さなければタンスは入りません。

つまり、空いたスペースがあるところにしか、収納用品は使えないのです。

押し入れやクローゼットで収納用品を使うことは、収納スペースを増やすためではなく、出し入れをラクにするためなのです。

キャスター付きのタンスなら、奥のモノをラクに出せるし、クローゼットの場合なら、棚があると、たたんだ服がブティックのようにきれいに収納でき、すぐ取り出せます。

モノはタテにしてもヨコにしても体積は変

わらないのですから、収納スペース以上のモノは入れることができません。
収納用品を買えば、「捨てなくても済む」と安易に考えるのは間違いでした。

◇住まいに必要な〝定期放流〟

モノを減らさなければモノを入れられないことを、ダムの水にたとえてみましょう。ダムの水量は自然現象で増えます。増えて一定量に達すると放流します。だから、決壊することなく、機能を果たし続けるのです。

住まいだって同じこと。幼稚園の子どもが小学生になるのは、自然現象のようなものです。その場合、園服、園のかばんなどが要らなくなり、代わりにランドセル、机などが増えます。

増えたままでいると、収納スペースの許容量を超え、モノたちは床に氾濫します。それが「散らかる」という現象なのですから、やはり放流に当たる「捨てる」は必要不可欠です。

園のかばんは、使っていただけるご近所のお子さんに、園服はシミがついているから処分、と減らしていきましょう。

大雨が降ったとき、一時的に貯水量を増やそうと、土嚢《どのう》を何段か積み上げたとします。収納量を増やすテクニック、コツなどというものは、この程度のその場しのぎにすぎず、それは、いつか決壊する危険をはらみ、見苦しさも出てきます。こまめに点検するという仕事も増えるでしょう。

自分は、点検を定期的に真面目にする〝収納マメ人間〟でないと思ったら、「放流」を忘れないでください。

ある家の半間の押し入れに、一生かかっても使いきれないほどのタオルがありました。包装されたままで新品のはずなのに、湿気のある場所に長期間あったせいか、シミが浮かび上がっています。リサイクルもできないので、それらを雑巾《ぞうきん》にすることにしたとしましょう。

それは良いこと、と思うかもしれませんが、山ほどあるので雑巾につくり直しても使いきれません。

たとえ雑巾にしたとしても、タオルが姿、形を変えただけで量は減っていないのです。だから、また置き場所に困ります。

存在するかぎり、いつまでも煩《わずら》わしさを抱えなければなりません。早めに差し上げたり、フリーマーケットに出せるうちに処分するほうが賢明で、ゴミもつくらずに済みます。

◇気づかずにゴミをつくっている「廃物利用」

誰でもモノを捨てるには抵抗があります。できれば何かに使えないか、と思います。しかし、捨てないために、かえってモノを増やしてしまうことがあることにお気づきですか？

例えば、ペットボトルを何かの容器として使うためにカットするとします。カット部分で手を切りそうなので、ビニールテープを買って縁《ふち》取りしました。ペインティングするために、油性マーカーも何色か買います。

結果として、使い残しのビニールテープ、何本ものカラーペンが増えています。それもずっと使わなければ、いずれゴミです。

また、服をほどいてランチョンマットをつくるとしましょう。

そのために普段使うことのない撥水《はっすい》スプレーを買いました。その後、買ったスプレーを使うことはありません。

このように、「捨てたくない」と思ってやっていることが、逆に「捨てられない」モノを増やす結果になっています。

環境を考え、ゴミを減らすために廃物利用するのでしたら、それは間違い。中途半端なモノをつくっても、飽きてすぐゴミになる可能性があることを頭に入れておきましょう。

私は、このような手づくりを決して否定しているわけではありません。ただ、それを「リサイクル」または「ゴミにしないため」などと思ってやってはいけない、ということです。これはあくまでも楽しみ、趣味なのだ、という意識でつくっていただきたいのです。

本当に「捨てたくない、ゴミを増やしたくない」と考えるなら、求めない方向、例えばペットボトル入りの飲み物は避けるなど、**捨てるモノを手に入れない**ことを考えるほうが賢明です。

このように、「捨てる」によって、私たちはいろいろ考えさせられ、それが消費生活のあり方を見つめ直すことにもつながっていくのです。

◇「モノを買い続ける生活」が招く、こんな悲劇

「捨てる」と地球温暖化を防止できる、などと言うと、「何を言いだすの」と驚かれそうですが、そうなのです。私たちが使うモノの大量生産、大量消費、大量廃棄が地球の温暖化の起因だったことは否めないようです。

フリーマーケットに出しても売れないモノは、結局はゴミになり、ゴミは燃やせばダイオキシンや二酸化炭素を発生させます。埋めるにしても、もう限界はそこまで来ています（2001年の時点で、ゴミ埋め立て地の残余年数は7・8年）。

このままでは、「21世紀末には気温最大5・8度上昇」と報告されています（各国の地球温暖化の研究者でつくる国連の「気候変動に関する政府間パネル」のまとめ報告より）。

政治家は、国益や経済を優先させ、温暖化につながる二酸化炭素の削減をなかなか実行には移せません。でも私は、きれいな空気、水など快適な自然環境なくして、経済的、物質的な豊かさのどこに価値があるのかしら？　と思ってしまいます。

だから、自分のできるところから、温暖化、または生態系を崩すことにつながる行為はなるべく避けようと思うのです。それには、整理収納が有効なのです。

捨ててモノが少なくなると、見通しが良くなり、暮らしの中で何が本当に必要なのかがよく見えてきます。溢れるモノの中にいては、本当に大切なモノが見えにくいのです。

必要なモノが見えてくると、むやみにモノを買ったり、差し上げたりをしなくなり、少なからずゴミを減らせます。

これは私だけの実感ではなく、収納カウンセリングで捨てる苦労をした方々も一様に、「欲しいモノがなくなった」とおっしゃいます。**買えないのではなく、買いたいモノがな**

くなるのですから、我慢もしていません。それが捨てたときの学習効果なのです。買う時点で、「これを買ってもまた飽きて使わなくなる」とわかるので、買うに至りません。

買うモノは、多少高価でも長く使える飽きのこないモノなので、簡単にはゴミにならないのです。

生意気なようですが、こういう賢い消費者が増えつつあるので、今までの「大量生産、大量消費、大量廃棄でまわしてきた経済をもう一度」と政治家が夢見るのは、時代遅れのような気がしてなりません。

なんだか遠まわりのようですが、モノに100パーセント関わる整理収納は、地球、人類を救う力となるのではないでしょうか。

あなたは、こんなに「要らないモノ」に囲まれている!

「もったいない」――ただのゴミにしないリサイクルのすすめ

自分にとっては絶対要らないと判断できても、なかなか捨てられないものです。それは、まだ誰か使えるはず、ただゴミにするのはバチが当たるような気がする、などの気持ちがあるからです。

「もらってくれるところがあれば、そうしたい」という場合は、送料は本人負担ですが、海外などに寄付する機関があるので利用してみるのもよいでしょう。リサイクル特集、リサイクル情報の本などに掲載されているので、それら新鮮な情報を参考にしてください。

たとえわずかな金額でも換金できれば納得する、ということであれば、リサイクルショップを見つけましょう。

リサイクルショップは数多くありますが、業者に取りに来てもらえる、または自分で持ち込む、ブランド品しか扱わない、などさまざまな形があります。また持っていくにも来てもらうにも、遠くては不都合なので、近くのリサイクルショップを探します。

情報は、自治体の広報誌、ＮＴＴタウンページのほか、リサイクルショップ紹介の専門の本も書店に出ています。雑誌でも収納特集と一緒にリサイクル情報がよく掲載されているので、出したいモノに合わせて自分で店を探す必要があります。

また、自分で売るフリーマーケットもなかなか面白いようです。例えば、半端な数になった食器なども売ることができるので、友達とレクリエーション感覚で参加するのも楽しいかもしれません。

リサイクルするには、持っていくまで保管しておく場所が家の中に必要なので、その場所を「リサイクルスペース」として１カ所設けます。これがポイントです。このスペースがなければ、モノを入れやすい場所についつい突っ込んでしまい、出すチャンスを逸してしまいます。

ゴミにしてしまわないリサイクルは、もったいないという罪の意識を少なくして処分する格好の方法です。

「いつか使うかもしれない」――先の心配をするより、今、快適に暮らすことを考える

いつか使うかもしれない……。そうなのです。最大の悩みはこれです。

捨ててしまった後、使うことがあったらどうしよう、また買うとなれば損をするかも……という考えが頭をよぎります。でも、「いつか」とはいつなのでしょうか？　聞かれたら答えられますか？

地震で避難するときの持ち物、キャンプで使うモノ、などとはっきり口に出して使い道を説明できれば、それは、取っておくモノです。

しかし、「うーん、いつかしら？」と答えられないモノは、おおよそ「いつか」はもう来ないモノで、処分の対象です。

「いつか」をはっきりさせることは、すべてのモノの判断に共通です。**不安のない「捨てる」「捨てない」の決め手は、使うとすればいつ？　をしっかり考えること**にあります。

ある若夫婦が、押し入れの奥にしまったままのテレビを、ご主人は「捨てる」、奥様は「捨てない」ともめていました。さらに奥様は、「彼は何でも捨てろって言うんです」と嘆いています。そこで、漠然としていた「いつか」を真剣に考えていただきました。

すると奥様は、「見たい番組が主人と違うときに、あると便利。今度引っ越しして、部屋が増えた場合に使いたい」と考えていたことがわかりました。ご主人もそれを聞いて納得し、「それなら今、押し入れに入っていても別に問題がないから取っておこう」と二人で決めることができたのです。

しかし、もしも家がとても狭く、テレビが押し入れを塞《ふさ》いでいるために、部屋に出しっぱなしのモノがあったり、頻繁に使うモノの出し入れが困難だとすれば、「捨てる」が得策です。

すぐ引っ越しする予定がなければ、使うか使わないかわからないモノのために、今の生活を不愉快にすることはありません。

たとえすぐ引っ越しして部屋が増えても、テレビなしで生きられないわけではありません。本当に必要になったときに買えばいい、と思うのです。そう考えていても、意外に買うまで必要になることはないものです。

〝見えない先の不自由〟を心配するより、〝今の自由、快適〟のほうが大切ではありませんか？　**「必要なときに、必要なモノだけ持つ」**というのもシンプルでよいものです。

《捨てたモノに未練を残さないためのQ&A》

「いつか」を自問自答すると、答えは4通りに分かれます。

①使うときがはっきりしている
②絶対に使うことはない
③人生は何があるかわからないので、使うことがあるかもしれない
④思い出として取っておく

K子さんの場合、数年履いていない新品同様の靴があって迷っています。それはブルーの靴で、昔、ピアノの発表会の衣装に合わせて買ったモノでした。

この場合の判断で、K子さんのめぐらせた思いを見てみましょう。Q&Aで答えを出していきました。

Q　これから、また発表会に出ることはあるのか？
A　ない。
Q　通常着ている服に合うのか？
A　特別なカラーなので、手持ちの服には合わない。
Q　靴箱にそれを入れたままでも、不都合はないか？
A　ある。今履いている靴が入りきらない。
Q　思い出品として、ほかの場所にしまっておくスペースはあるのか？
A　ない。

質問していくと、答えは、②の絶対に使うことはない、とわかりました。K子さんは、ここでようやくリサイクル、または処分が妥当、と納得しました。

このように「いつか」の自問自答は、文字にすると取るに足りないことですが、きちんと思いをめぐらせて納得することが大切なのです。そうすれば、捨てたモノに未練を残すことも後悔もありません。

それに比べ、「とりあえず、エイ、捨ててしまおう！」というモノ、または人に言われて仕方なく捨てたモノは、「ああ、やっぱり捨てなきゃよかった」といつまでも未練たらしく言ったり、後悔したりするものです。

一つひとつのモノに思いをめぐらせるには、意外と時間と気力が要るものです。「そんな時間はない」と思えば、「エイ、捨ててしまおう！」も悪くはありません。ただし、この2つを踏まえてのことです。

1　捨てたモノが後から必要になったときには新しく買える。
2　未練たらしいことは、絶対言わない。

「お金を出して買ったから」――ケチな人ほど、損をする！

ある男性に、「ネクタイ、何本くらいありますか？　そのうち何本くらい使っていますか？」とお聞きすると、「70〜80本はあるかな。でも使うのは30本くらい。使わないのは捨ててもいいいんだけれど。捨てられませんね」。

そこで私、「どうして？」。彼は、即座に「お金を出したからね」と、すごく率直で、わかりやすい答えが返ってきました。

そうです。いざ捨てようとすると、それらのモノが「お金」に見えてくることは、誰だってあるのです。

しかし、それらをいくらお金に換算しても、残念ながら「絵に描いた餅《もち》」で、使えない幻想のお金です。それでも、買ったモノを見て、「幸せ」を感じれば捨てない、ただ邪魔なだけと思えば捨てるのです。

彼の場合は、捨てました。そして、こうおっしゃいました。「捨ててわかったことがある。無意識のうちに、使う1本を取るたび、ほかのが落ちないように気を使っていた。今、気を使わないで取れるのは快感だ」と。

この例のように、捨てないことが、人を無意識に片付け嫌いにしたり、手間取らせたりしているのです。

「枯れ木（ネクタイ）も山の賑《にぎ》わい」が好みなのでなければ、処分したほうが何かと快適です。

「思い出があるから」――「お金では買えないモノ」をどうするか？

思い出の品々は、昔を偲《しの》ばせてくれます。ですから、不要品とは一概には言えません。

暮らしに何の支障もなければ、捨てなくてもいいのです。

でも、今の生活にこんな不都合が出てきたら捨てましょう。

収納カウンセリングのお申し込み動機から挙げてみましょう。

カウンセリング希望の理由、目的を具体的にご記入ください

モノを管理すること、整理収納することが苦手です。モノを片付ける習慣が、どうしても身につきません。家の床いっぱいにモノが散らかり、使いっぱなし、出しっぱなしになってしまい、人が来る予定のときしか、片付ける気になりません。

使うときには探したり、とうとうどこにあるのかわからなくなったりもします。出しっぱなしのモノを踏んづけて壊したり、汚したりということもあります。そんなことがなくなるようにしたいのです。友人も彼氏も、予約なしで家を訪れてもらえるようにしたいのです。


この方の悩みの大きな原因となっていたのは、住まいの中での許容量を超えた思い出品でした。それに本人は気づいていません。多すぎるモノは、整理収納を混乱に陥れるのです。

彼女には、思い出品の山の中で過ごすのと、友人や彼氏をいつでも呼べること、そのどちらが大切かを考えていただきました。当然、後者との答えです。

トランクルームでも借りないかぎり、思い出品を取っておくことはできないので、処分はやむを得ないと納得しました。

次に思い出品の捨て方をいくつか挙げていきます。

《いつまでも記憶に残す「写真」収納術》

思い出品は、後から買えるモノではありません。できれば持っていたいのですが、そのために生活に支障を来《きた》し、不快になるのはつまらないことです。

そこで、気持ちを少しでもラクに処分する方法として、写真に撮っておくことをおすすめします。思い出品を取っておく目的は、想起することです。それなら、写真があれば、見て思い出すことができ、記憶から消えてしまう、という不安から解放されます。

私がこれに気づいたのは、子どもたちが幼稚園の頃です。

お絵描きの絵、先生が記録した幼稚園での様子のお便りなどを、収納ケースを用意して入れ、思い出箱にしていました。でもそのうちに、鯉《こい》のぼり、七夕《たなばた》の飾りもの、ときには、得体の知れない何やら大きい作品？　をつくって持って帰ってきます。収納ケースに入りません。

そこで、ある期間は飾ってあげて、その後は、写真に収めることにしました。

この精神安定剤的な方法は、子どものモノに限らず、すべてのモノに有効です。

《「どうしても捨てられない」場合の、最後の手段》

ここまでは持っていよう、という限度をスペースで決めます。

私は食器棚の中に、「今は絶対使わないに決まっている、でも、孫ができたら使うかも」という、昔、子どもが使っていたごはん茶碗を入れています（ちなみに、子どもはもう社会人です）。なぜなら、ほかのモノを奥から出すとき、そのごはん茶碗がチラッと見え、それで食事していた頃の懐かしい気持ちになるのが好きだからです。

ということで、楽しかったことを思い出す品を優先させ、今使うモノの出し入れに支障のないかぎり、置いておくのもいいのではないでしょうか。

大きい物置きがあったり、使っていない部屋があれば、思い出のモノをどんなに置いても日常の生活に支障はないでしょう。でも、アレも思い出、コレも思い出と増やし続けると、いつかはそこも一杯になります。そのときが大変です。捨てる辛さをそこに溜めてきたのですから。

一杯になって手に負えなくなる前に、自分で集めたモノは自分で始末したいものです。それも生きていく上でのひとつの仕事と考え、処分の実行をしましょう。

「そんなに大げさに考えなくても」と思うでしょうが、時間ができたらやろう、なんて考えられるほど生やさしいものではありません。

ところで、使えないモノを残して逝《い》くのは、個人の負の遺産を残しているようなものでしょう。できるだけ負の遺産は少なくして、旅立ちたいものです。

しかし、こうも考えます。自分で判断し、処分するのは、たとえそれが要らないとわかっていても辛いものです。ですが、自分以外の人であれば、自分よりは気分的にラクに処分できます。

捨てるのは断腸の思い、と言うのなら、自分が亡くなってから「勝手にやってもらいましょう」と、開き直ってしまうのもいいかと思います。

ただし、「迷わないでサッサと捨てていいのよ」とひとこと伝えておくことが、負の遺産を渡される人への思いやりと言えるのではないでしょうか。

正しい分別・処分の方法、教えます

捨て方がわからない……。案外、この理由でいつまでも家の中にあるモノがあります。それらは、クスリ、洗剤、ペンキなど、環境のことを考えると、捨てるに捨てられないモノ。分別《ぶんべつ》するのに、どれに入れるべきか迷うモノ、例えばビデオテープ、保冷剤、防虫剤などです。

迷うモノに関しては、メーカー、清掃局に問い合わせて聞くべきです。自治体の処理方法、焼却炉の性能により、仕分け方は大きく変わります。

3章に具体的な捨て方を記述しているので参照してください。

なぜ、「満足して最後まで使い通せるモノ」を選べない？

「モノには、命があるでしょう。捨てたらバチが当たるような気がして」とおっしゃる方がいます。そう思うのでしたら、命あるペットを飼い通すように、モノも使い尽くしましょう。

それには、新しいモノが出たから買いたい、欲しい、などと言って購入してはいけないのです。使い尽くすのは、なかなか難しいものですが、使い通せるモノを見分ける力があれば、満足するモノを手に入れ、買い直しなしに、使い尽くして捨てることができます。

断腸の思いで「捨てる」経験をすることが、見分ける力を養い、使い尽くせるモノを選べるようになる秘訣です。

さて、「捨てない」ことは罪だと私は思います。「捨てる」が罪なのはわかるけれど……なぜ？　とお思いでしょう。

それは、不要品は、捨てなければ家の中でひっそりと埋もれて死蔵品となってしまうからです。

モノは、世に出してもらわなければ、リサイクルのチャンスもめぐってきません。「捨てるは罪」という観念で溜まっていった全家庭の中の死蔵品は、恐ろしいほど膨大な量だと思います。

それらが眠ったままでは、まだ需要があるとみなされ、モノは生産されていきます。そうすると、表面化しないゴミ予備軍は、ますます増え続けるでしょう。

「捨てる」ことで、ゴミの実態が表面化すれば、生産過程でリサイクルしやすい材料を使ったりと、もっと資源を有効活用する努力も進むと思うのです。

そう考えれば、**「捨てない」ことのほうが罪**なのではないか、と私は思います。

やむを得なく「捨てる」ことは、バチ当たりではないはずです。むしろ、社会のため、地球のためになるのです。

「いただいた人に悪いから」――義理の〝有効期限〟を決める

「使わない、入れる場所がない、捨てようかしら」と思うたびに、くださった方の顔がちらつきます。そうなると、やはり捨てられません。でもそれは、お互いさま。

むしろ、見えないところで迷惑がられているほうが気になります。目につくたびにそう思われるくらいなら、処分してもらったほうが気持ちもスッキリします。

お互いそう思っているのですから、義理やかけたお金は相殺されます。リサイクルとして、処分しましょう。

人からいただくモノで、自分で買えなかったからもらって助かる、というモノは、今どきほとんどないと思っていいでしょう。買えなくて不自由しているモノがあるとすれば、それは気に入ったモノが見つからないという理由か、手の届かない価格だからかもしれません。

そのような理由で持っていない人に対して、他人がその人のお気に入りを見つけて贈るのは、しょせん不可能か、至難の業です。

お互いに好みでないモノを贈ったり、贈られたりしているのですから、リサイクルなどの処分も仕方ありません。

でも、プレゼントを開くまではワクワクしてうれしいものです。人間って勝手なものですね。

気に入ったモノが届いたら、「大当たり」と喜び、そうでなかったら、死蔵させて、罪の意識が生まれないうちにリサイクルしましょう。

そうはいっても、いただいてすぐには、「せっかくくださったのに悪いわ」と思い、処分できません。その場合、〝義理〟を眠らせるスペース（110ページの「リサイクルスペース」）を家の中に1カ所設けます。

そこに〝義理の有効期限〟（例えば最長2年）を自分で決めて入れておきます。期限内のモノが増えて入りきらなくなったら、古い順、または義理の薄いモノから処分していきます。

《「理想はホテルのような部屋」という人に共通のストレス》

最近、相談を受けていて、「ホテルのような何も置いていない感じの部屋にしたい」という希望が多いことに気づきました。**モノがあること自体がストレス**、と思い始めたようです。

しかし、それに気づいていない人もいます。

いただき物が多いあるお宅の主婦の方は、家にいても楽しくない、だから出掛ける、と言います。ふらっと出掛けられるところは往々にしてショッピングする場所になるので、そこで何か1点でも買う。一時的にストレスはなくなるが、家の中にはモノが増える。それによってますます家がスッキリせず、家にいたくない、という悪循環を起こしていました。

その方は、自分が家にいたくないのは、家がスッキリ片付かないから、ということまでは知っています。しかし、その原因が許容量を超えたモノのせいとは気づいていません。一時的なストレス解消が、逆にストレスを増やしていたのです。

その方には、まず、増築するか、捨てるか、二者択一しなければ、思うような住まいにはならないことを順を追ってお話ししました。すると、増築するより捨てるが賢明、と自分で答えを出されました。

すぐ処分を実行し、残った必要なモノを適所に収納しました。すると、もともとはきれいな部屋だったので、心地よい部屋に変わり、家事もスムーズにできるようになり、掃除にしても片付けにしても、終わったという達成感を味わえるようになったようです。

モノが多ければ、不本意ながら四角い部屋も丸くしか掃けません。片付けも、戻す場所が決まっていなければ、ここでいいのかしらと、その場しのぎになります。だから、家事に対しても達成感が得られない、それがストレスだったのです。

その方は、「自分のストレスを把握したので、モノを買うことに慎重になり、何より家にいるのがすごく楽しくなりました」とおっしゃっていました。

要る、要らないの判断を素早くするコツ

人には、「捨てたら」と言えるのに、自分が言われると無情に聞こえるばかりで、素直に捨てることはできません。なぜでしょうか?

それは、なくなるという結果は同じでも、それに至るまでの思いがモノにより、人により違うからです。

例えば、スーツ1着捨てるにしても、「子どもの入園のときに買った服だわ。確か高かったのよ。それにまだ新品同様。でもこんなスーツ今着ることはないし、着る気分になるかしら？　いや、もう着たいとは思わないわ。そうだ！　フリーマーケットに出してみよう」などと、走馬灯《そうまとう》のようにさまざまな思いがめぐり、やっと処分という結果が出るのです。

違うワンピースだとすると、また走馬灯の絵が違います。「娘の服にリフォームしてみようかしら。でも今でも枚数が多すぎるから、つくるまでもないかしら？　やっぱり思いきって捨てよう……」と、書いていても疲れるほど思い悩みます。

しかし、このまどろっこしいとも思えるプロセスを踏む、あるいは禊《みそぎ》をしなければ、未練は断ち切れないのです。それをするのは、ほかならぬ、持ち主のあなたしかいません。

未練の断ち切り方の違いは、手に入れたときのイキサツの違いにありました。

例えば、クイズでハガキを出したらあっけなく当たってしまったモノと、欲しくて欲しくてお金を貯めてやっと買ったモノとでは、使わなくなったという結果は同じでも、未練の大きさに差が出ます。ラクに断ち切れるモノから捨てていけばいいのです。

捨てられない理由は、人それぞれ、モノそれぞれに違い、奥深いものがあります。だから、いくら、シンプルな暮らしは素晴らしい、片付けがラクになると言われても、手も足も出なかったのです。でもひとつずつ、手に入れた動機とプロセスを頭に入れておくと、だんだん捨てるための判断が早くなります。

モノの処分は、**手に入れたイキサツと要らなくなったイキサツをはっきり言えるか**言えないかにかかっているようです。

例えば炊飯器。発売当時は、単純な機能しかついていないモノだったが、今は、よりおいしく炊《た》ける機能を持つ電気炊飯器が出てきたのでそれを買った、という場合。「おいしいごはんが食べたい」というイキサツで買ったのですから、おいしく炊けない古いタイプの炊飯器は今後使わないはずです。

「もしも新しいのが壊れたときに便利なのでは」という思いが頭をよぎった人はいませんか？

そんなときは、お鍋で炊けばいいのです。「まだ使用できるのに」と思うかもしれませんが、もともとそれを承知で新しい性能のいいモノに買い替えたわけです。故障した場合という確率の低いことに合わせて、あなたの生活を不自由にすることはありません。

「捨てなくても片づく方法」はないの？

捨てることは辛いから、その思いを味わわずに済む道はないものか、についても模索してきました。それは左記の道です。

①サイズを小さく変えられるモノは変える

例えば、CDをミニディスク（MD）に。布団は、圧縮袋に。液体は濃縮になっているものに。本、ビデオ、CDなどはケースを外した収納にする。単行本は文庫本に。パソコンを活用する。これらのことが考えられます。

②入れ子収納にする

大きいバッグの中に小さいバッグなどを入れます。ただし、これは中のモノが見えないので、死蔵の原因をつくりかねません。

以上①と②は、総体積としては小さくなりますが、それと引き換えに、出し入れのしやすさが失われていきます。同じスペースの中では、「多く入れれば入れるほど、出し入れは面倒になる」と覚えておきましょう。

③家具、または物入れをつくる

これは、部屋が狭くなることを覚悟しましょう。

④増改築して、家を大きくする。またはトランクルームを借りる

増えたら物置きを、また増えたら部屋を、などと増築し続けることが可能なら、増やします。

⑤出し入れをこまめにできる人になる

きっちり積み上げると、片付きます。しかし、中間になっているモノを取るとき、また入れるとき、こまめにきちんと出す、戻す、をしなければ、一度使っただけで崩れます。

⑥スッキリした清潔な住まいは似合わない、と開き直る

置く場所がないので、床にモノを置いたり、積み上げたりします。そうなると掃除は、四角い部屋を丸く掃くしかなくなり、隅々にまで及びません。

以上6項目が捨てずに済む方法ですが、主に①②は手間がかかり、③④はお金がかかります。⑤は自分、または同居する家族がマメな人間に変わらなければなりません。⑥は開き直りです。これらを承知の上なら、捨てなくてもいいのです。

2章・ここに気づくと気づかないとでは大違い！

「豊かに」暮らしている人ほど、モノを持たない！

大切にしたいことの〝優先順位〟を考えれば、
持つべきモノがわかる

「少ないモノ」だからこそ、シンプル・満足生活

◇かえって気持ちのゆとりを奪っている!?「快適・便利な生活」

「捨てる」ことを通して得る最大のメリットは、意外にも、モノを通して自分にとって価値のあることは何なのかを知ることです。

快適、便利さを求めてモノを手に入れてきたのに、ふと気づくと、それによって気持ちの快適さを失っていることが多々あります。例えば、欲しいモノを手に入れるために、一生懸命に休みなく働くと、ゆとりの時間が失われます。

忙しいと心が亡《ほろ》び、忙殺されてしまいます。

また、モノがあれば、当然、家具などの入れ物が必要になります。部屋はその分だけ狭くなるので、ゆとりの空間が失われます。

「ゆとり」とは、どんなときに感じているのでしょうか？

私自身のことで考えてみました。それは、のんびりと時間に追われることなく好きなことをする。すがすがしい広い空間の中に身を置く。多くの感動を得る。これが基本にあるような気がします。それらを感じることが、私にとっての「豊かさ」です。

便利すぎると感動を得る機会が少なくなります。例えば、キャンプでやっと火を熾《おこ》し、それで煮炊きしたものは格別の味がするように、不便な状態にあるほど感動する機会が多くあるような気がします。

自分の持ち時間とスペースの中で「ゆとり」を得るには、不要なモノは持たない、という結論が出ました。

◇「いつでも人を呼べる家」になるために

捨てることにより、（片付けに関して）何の前準備もなく、人をお呼びすることができるようになる——片付けたいと思う動機のひとつに、「いつでも、人をお呼びできるようにしたい」があります。裏を返せば、普段は到底、人をお通しできる状態にない、ということになります。

同じ散らかった状態でも、それを恥ずかしいと思う人もいれば、なんとも思わない人もいます。恥ずかしいと思う人は、いつでも意識の中に「片付けなければ」という強迫観念があります。

そのような人は、本来はきれい好きなので、いろいろ整理したり片付ける試みはしているのですが、「その場しのぎ」で、毎日続けることができません。

なぜなのでしょう？　そのほとんどの理由は、収納スペースに入りきらないモノのせいです。モノが溢れた状態になると、使うモノを使いたい場所に置けなくなります。そうなると使用後、あった場所に戻せません。

モノの量を少なくすると、**使いたい場所に使うモノを置ける**ようになります。

例えば、ある主婦が一人の時間に、ダイニングテーブルで水彩の絵を描くとします。その道具をテーブルのそばに置くことができれば、すぐ戻せるので細切れの時間でも趣味を楽しむことができます。出すのもラクなら、戻すのもラクにでき、いつでも片付いた状態を保てるようになります。

「散らかっていても平気、気にならない」というおおらかな方は、自分は気にならなくても、ほかの家族とかお客様が気になっているかもしれない、ということをちょっと頭に入れておいてください。ときには、逆の立場で部屋を見まわしてみるのも必要なのではないでしょうか。

◇あなたは「買わなくてもいいモノ」まで買っている！

「モノを捨てる」がゴミを減らす――そんな矛盾することがある？　と思われるかもしれませんが、そうなのです。

人生の中で、一度だけ生活を見直し、大量のゴミを出すことになっても、それ以後に出すゴミは減ります。生活を、自分を見直すことにより、ゴミになるモノを手に入れなくなるからです。

涙を飲んで処分した経験が、**飽きてしまいそうなモノ、長続きしないようなモノ、似合わないモノなどを手に入れる前に判断する力**をつくりました。だから、結局はゴミになるものをつくらずに済むのです。

今ある持ち物を見直して一度だけ出す大量のゴミの量と、見直さないで生き続ける年数に出すであろうゴミの量を比べたら、「人生のリセット」で出したゴミの量のほうが少ないに違いありません。

この限られた地球の中で、要らないモノは、リサイクルしても焼却しても、今の技術では何らかの問題を残します。安心して飲める水、安心して呼吸できる空気がなくて、どん

な豊かさがあるのだろう？　と考えてしまいます。ある人は、「経済や技術の成長はもうゼロでいい。過剰消費からの脱却を」とも言っています。私も、そう思えてなりません。
年配の方ほど、モノを捨てることは難しいようです。しかし、全部持ってあの世へ旅立つことはできません。
相田みつをさんのこんな詩を見つけました。「まだ先のことだけれど、確かにそうだわ」と、なんとなく納得した一篇です。

いいですか
どんな大事なものでもね
荷物はみんな捨てて下さいよ
自分のからだも捨てるんですからね
三途の川の番人の言葉を書く

「捨てる」というのは、何回も言うようですが、辛いものです。
「もったいない、まだ使えるけれど……でもこれからの生活を見据えれば、やはり捨てるしかない」といった葛藤や、「どうしてこんなモノを買ってしまったのかしら？」などの反省もあります。
「コレはもう使わない」と判断したときには、無意識のうちに、これからの自分の時間の使い方、過ごし方を考えているのです。時間をかけて、過去のこと、これからのことに考えをめぐらせることが、次につながります。

自分が生活する（生きる）上で、本当に必要なモノ、実際に使っているモノは何なのか？　という疑問が湧いてきます。また、**実際に使っているモノはそれほど多くはない**と気づき、むやみにモノを買わなくなる、いや、買いたいと思わなくなるのです。

さらに、「適材適所」に置き場所が決まってくると、部屋やモノの使い心地が良くなり、この状態を崩したくない、という気持ちになります。そこで、なおのことモノを増やしたくないという気持ちが働くのです。

ひとつのモノを買うにも慎重になり、吟味するので、買ったモノは愛着を持ちながら大切に長く使うことになります。

カウンセリングで数多くのお宅に伺いますが、本当に多くの人が、使っていないモノにお金を費やしています。その浪費に等しいものがなくなるので、結果として**家計が助かる**のです。

◇15万円の家賃を10万円にもできる！――捨てて「得する生活」

通勤に便利な電車の沿線で駅に近く、さらに環境の良い家に住みたい。だけど家賃が高くて無理、とあきらめている方は必読！　持ち物の半分は使わないモノなのです。それを捨てることができれば、家賃半額も夢ではありません。

●「要らないモノ」にお金を払う愚かさ

浮いた家賃分で毎月5万円を貯金できれば、「いつか使うかもしれない」という理由で取ってあるモノを捨てたとしても、万が一、使うときが来たら買えることになります。またレンタルという方法もあるので、それができるモノを優先して捨てていきます。

また、コンビニエンスストアが近ければ、収納スペースを取る日常生活用品（ティッシュペーパー類、電球のストック、洗剤など）の買い置きも要りません。**コンビニに在庫し**

である、と思えばいいのです。それも、常に新鮮で管理までお願いしているようなもの。一石二鳥ではありませんか。

たとえコンビニが近くになくても、2～3日の不自由を楽しんでしまうのです。電球が切れれば、薄暗さを楽しむ。当然が当然ではなくなることを、そんな機会に感じることができます。これらを考えると、かなり持ち物を減らすことができ、賃貸料半分も不可能ではありません。

ここで具体的な金額を出してみます。60平方メートルで15万円の賃貸料では、畳1枚の賃貸料は約4125円です。

一間の押し入れに、レンタルでも間に合うスーツケース、使わなくなったストーブ、スキー用具・そのウエア一式、ほとんど着ていない衣類などを入れているとすれば、使わないモノに毎月約4500円近く払っていることになります（敷金などがあるので）。そればかりではありません。モノがあれば、ついた埃《ほこり》を取るなどの管理に時間と労力も使っているのです。

このように、借りているスペース代と労力を、「捨てる」かどうかの基準にするのもひとつの方法です。中身がなくなれば、家具も要らなくなるのです。

●同じ家賃でも、もっと「満足生活」を実現

しかし、いくら頭でわかっていても捨てられない人がいます。

その場合、通勤のために早起きしても、身体がきつくても、多くのモノを持っているほうが幸せなのか？　と一度、自問自答してみてください。

あるＯＬの方は、衣類などのモノを半分に減らし、同じ賃貸料の都心の狭いマンションに引っ越しました。その決断の原動力は、通勤時間の短縮ばかりでなく、自分を向上させることにありました。

以前から通いたい英会話学校があったのですが、その授業が終わるとかなり遅い時間になるので通いきれないと思い、あきらめていました。それが通えるようになる、と考えたからです。

引っ越し後、コンサートや映画、友人との食事を楽しんだりするなど、おまけのメリットも生まれました。

このように、はっきりと目的を持てば、家の大きさに合わせて、モノを減らすことが可能になります。

「捨てる」だけで、あなたはこれだけの〝ゆとりの時間〟を手にできる！

◇家事がスイスイ、時間も大幅に短縮！

整理収納で、「捨てる」ことをすすめる最大の理由は、私自身、「捨てる」ことによって家事が本当にラクになり、その結果、自分の時間が生まれて、やってみたいと思うことができるようになったからです。

今の仕事につながる、システムキッチンの設計を習い始めた頃のことですが、「捨てる」前は、家を出る時間までに掃除、洗濯などの朝の家事が終わりません。それでも出掛ける時間が容赦なくやってくるので、後ろ髪を引かれる思いで家を出ました。なんとか手抜きなしで早く家事を終わらせたい、と思っていたものです。

何に時間がかかっているのかを考えてみると、まず掃除機をかけるために、モノを動かしている時間。それは数秒なのですが、「ああ、動かさなくちゃ」という重い気分が先に来て、掃除を億劫《おっくう》に、また時間がかかるような気にさせています。実際、移動させるモノがいくつか重なると、5～10分などすぐたってしまいます。

掃除のとき動かしていたモノは、アイロン台、また見るかもしれないと思って置いてある雑誌と本、ただあるから置いている小さな折りたたみ座卓と座布団、玄関マットなど。テレビを見ながら使うアイロンは、リビングが使う場所です。しかし、脚のついたモノだったので、入れる場所がありません。でも、毎日使うし、なんといってもたたむのが面倒！　と、隣の部屋には戻さず、リビングの隅に置いたままでした。

「リビング内に収納できれば、すぐ片付ける気になるのに」と思っても、唯一あるリビングの半間の物入れは満杯です。しかし、その物入れの中身は、ほとんど使っていない私の昔の趣味の道具ばかり。例えば、編み機、手芸をしていたときに集めた布や毛糸、油絵の道具などでした。

ここが空になれば、座布団も座卓もアイロン台も入ります。「そうだ、やっぱりこれらを捨てて、今必要なモノをここに入れよう」と決心しました。

物入れを空にして、部屋に出ていたモノを入れると、部屋は広くなり、使うときも気楽に取り出すことができます。なんといっても、床にモノがないので、掃除がとても速く、ラクにできるようになりました。玄関マットも、考えてみれば何のためにあるのかわかりません。ないほうが、かえってスッキリするし、すぐ拭《ふ》き掃除をする気になります。

このように「捨てる」と、掃除は出掛ける時間までに終わるし、今までめったにしなかった雑巾がけまでしているではありませんか。自分では気づかずにいた、「マットがあったから、床拭きが億劫だったのだ」ということもわかりました。

目標どおりに家事をこなせると、自分の時間をつくることができます。これは、苦労して捨てたからこそ得られた快感です。

◇住みやすい家とは「使いたいモノがすぐ出せる家」

「捨てる」をスタートにした整理収納の方法には、〝風が吹けば桶屋《おけや》が儲かる〟的なことがたくさんあります。

そのひとつ。家族の中で、何かを**使ったら使いっぱなし、がなくなります**。また、アレどこ？　と聞いたり聞かれたりせずに済みます。それは、どこに何があるか、誰でもわかる収納になるからです。

同じスペース中にモノが10個あるよりも5個のほうが、どこに何があるのかよく見えます。また、ギュウギュウ詰めもなくなるので、出し入れもラクになります。収納が一目瞭然で出し入れが簡単になると、小さい子どもでも、自分で出して自分で戻す習慣がつくのです。

ある男性からこんなことを聞いたことがあります。「料理をしてみたいけれど、何がどこにあるのかわからず、聞くのも面倒になって、つくる気がなくなるんですよ」と。

家族の誰もがモノの置き場所がわかり、使いたいモノをすぐ取り出せるということは、家族の自立に役立つと言えるでしょう。

◇「使いやすい収納」は省エネも兼ねる

欲しいときに欲しいモノが目の前にある。そうなれば、どんなに便利なことでしょう。家事をするにも、歩きながら使いたいモノが取れれば、こんなラクなことはありません。それは、モノが少ないほど可能になるのです。

茶道のお点前《てまえ》は、じつに手の動き、足の運び方に無駄がありません。1回のお点前に最低限必要な道具しか使わず、それらの**配置は手足の動線を最短にする**ようになっています。

じつに合理的なのです。

しかし、千利休《せんのりきゅう》は、決して効率性・合理性を追究したのではないと思います。動きの美しさを求めたら、結果として少ない道具とその配置になったのだ、と解釈しています。つまり、使いやすい収納は動作まで美しくする、と思うのです。

取りに行くまでの歩数、手の動きは少なければ少ないほど、時間がかかりません。平均的な動作として**2歩で1秒、引き出しの開け閉めは5秒**かかります。

モノが少なければ、歩かず、即座に取れる収納が可能になり、行動まで美しくなるのです。

◇着たい服がすぐ取り出せる「ブティック式収納法」

●棚にたたんで重ねる場合

棚にたたんだ服を重ねて入れるには、上に10センチの空間が必要です。

次ページのイラストのように取り出したい服の上に、手の指を広げて中に入れ、服を持ち上げると、ほかの服を崩すことなく、**欲しい服が3秒で取れます**。

＊つまるところ モノが少なければ
モノの出し入れが楽(らく)と
いうこと!!
10cmの空間を確保!!
入れすぎ
トレーを
利用する
方法もあるが
出し入れは
面倒!!

もしもその10センチの空間がなければ、トレーを利用しなければなりません。けれども、トレーに入れれば出し入れは面倒になります。まず、トレーを引く。いったんどこかに(台などがなければ床に)それを置く。着たい服を両手で取り出す。トレーを棚に戻す。これだけで15秒以上もかかります。

出し入れが大好きで時間がかかるのは構わない、という人以外は、3秒の出し入れがいいと思います。

●ハンガーパイプに吊るす場合

ハンガーパイプにハンガーを掛けたとき、少々ゆとりがあると、いつもきちんと掛けられるようになります。

ギュウギュウ詰めのところから、ハンガー

に掛かった服を取り出すのはひと苦労です。それでも出さなければ着られないので、苦労して頑張って出します。しかし、着た後、隙間のない場所に戻すのは、考えただけでも億劫です。

これを、手でギュッと寄せて10センチくらいの空間ができる収納にすれば、出し入れはとてもラクで、すぐ片付ける気にもなります。

寄せてできるこの空間があれば、吊るしている間も服はよじれず、シワもつきません。

〈参考〉 コート・スーツは平均7センチ間隔に、ほかの服は、3〜5センチ間隔に掛けると取り出しやすく、シワもつかない。

◇旅行の荷物の準備・後片づけも素早くできる！

「旅行は楽しいけれど、行くときの支度が億劫で」「帰ってからいつまでも片付かなくて」という悩みをよく聞きます。その理由は、単なる怠慢だけではありません。戻す場所が決まっていないからです。

そもそも旅行の準備をするときに、そのモノに適した定位置の「家」がなかったのです。もしも、決まった「家」から出していれば、そこが空いているはずですから、何の問題もなく、片付けることができるでしょう。

すべてのモノに「家」を決めるという、根本的な整理収納がなされていないと、出すたびに入れる場所が変わってしまいます。すると、「ここに入れていいのかしら？　あそこに入れたいけれど、入りきらないのでは？」といった問題が毎回発生し、片付ける気になれません。それが、いつまでも片付けを延ばしてしまう理由です。

では、なぜ「家」が決まっていないのか？　それは、モノが多すぎるために、決められないでいるのです。

想像してみてください。１００席しかない会場に１２０人入っていれば、一度会場から

出たら、元の場所に戻るのは不可能ではありませんか。それと同じことなのです。

まず整理収納のスタート、「捨てる」をしなければ、指定席を決めるのはとても難しいのです。減らした後、ようやく誰が、どこに座るのがふさわしいかを、つまりモノの適所を決めることができるのです。

じつは私も、収納に目覚めていない専業主婦の頃、そうでした。子どもを連れて実家に行き、帰宅後、車から荷物を降ろすときから片付けを想像し、憂うつだったことを覚えています。そんな経験もあり、整理収納の研究を始めて、ようやく答えが出たのです。

ぜひ、これを機会にモノを減らし、6章で紹介する整理収納方法を実行して、いつでも気楽に旅に行けるようにしてください。

なぜ？　「思うように暮らせない部屋」

◇これで、辛いアレルギー症状も改善！

モノを捨てただけでアトピー性皮膚炎の症状が軽くなった。そういう例が少なくありません。

理由は、アレルギー源の埃《ほこり》などが減ったからです。

Bさん宅は、物持ちがよく、収納スペースは満杯です。収納スペースから溢れたモノは、床に、テーブルに、またその下にと、置くところがあればどこにでも置いているという感じです。

それだけ床にモノが積まれていれば、毎日の拭き掃除は無理です。掃除するには、置いてあるモノをすべて持ち上げたり、移動させたりする必要があり、多くの時間と労力が要るものです。そのせいで、やる気になれません。そのために、Bさん宅は、込み入った場所を何年も掃除していません。

適度な湿度と温度があれば、埃には目に見えないカビ、ダニが発生しています。込み入った場所は、ゴキブリも大好き。そのフンも、カビとダニの栄養分となります。掃除できないので、家の中が臭っていました。だから、消臭・殺菌スプレー、殺虫剤が何本もあります。それがまた、床を占領しています。

そのような目先の対処よりも、掃除ができないという原因を断つことが肝心です。

Bさんは、意識改革をし、意を決して「捨てる」を実行されて、むせるような埃を取り除きました。床にモノがなければ、毎日の掃除もラクラクです。

その結果、アレルギー源を減らすことにつながり、自分は喘息《ぜんそく》だと思い込んでいたのが、咳《せき》が軽くなってきて、そうではないことを知りました。思いがけない効果でした。

◇思わぬ事故・ケガを招く「収納の悪い家」

モノが多く、床にモノを置くはめになると、歩くのに必要なスペースが取れなくなります。家族の誰かが車イスを使うことになれば、なおスペースが足りません。

歩行の際も、ないはずのところに障害物があれば、家庭内事故につながりかねません。

国民生活センターが作成した「家庭内事故に関する報告書」を見ても、そのことがうかがえます。

段差のないバリアフリー住宅にしていたのに、ダイニングテーブルの下に、いただき物の箱をいつまでも置きっぱなしにしていたため、イスが出っ張ったままで、その脚に引っ掛かって転んで、骨折したという例があります。なんとも残念な話です。

「収納」と「捨てる」ことを家事の一部として実行しなければ、どの家にもあり得ることです。

反対に余計なモノがなく、スッキリした家は、使うモノが「適材適所」にあり、何がどこにあるのか他人にもわかるようになっています。さらに、ゆとりある空間は、介護する側にもされる側にも快適で、同じ時間内に多くのことができます。

子どものケガ、転倒、たばこなどの異物を口にするといった家庭内事故も、収納が悪いために起こることが少なくありません。これも、モノを少なくすれば、防げることのひとつです。

◇「ギュウギュウ詰めのタンス」が、腰を重くさせる元凶

「家事の中で、洗濯物をたたみ、それをしまうのが嫌い」という人は意外に多いものです。それらの人たちは一様に衣装持ち。

靴下にしても、ふだんは2、3足しか履かないのに20足近く持っていたり、数えてみると同じランニングシャツが20枚もあった、というようにです。

これらがスッキリ収まる収納スペースがあればいいのですが、しょせんないのです。

だから、しまう前に意識の中で、「入りきらない、入ってもギュウギュウ詰め、引き出しの開閉時に引っ掛かる」ということをイメージしてしまいます。それがイヤで、時間があってもやる気が起きません。

もしも、「きちんときれいに入った」という達成感を得られれば、やる気が起きて、苦もなく片付けられます。

「モノを減らしただけなのに、不思議なくらいサッサとやれるようになりました」とおっしゃる方が大勢います。そうです。片付けたという達成感は、モノを少なくすることで得られるものです。

自分もしまうのが嫌い、という方はぜひ、「減らす」ことだけを実行してみてください。多すぎて処分できない分は、スペアとしてほかの場所に移動し、順次使って減らします。

収納というと、目に見える部分ばかり、例えばたたみ方は？　などを考えがちですが、このような潜在的心理が大きく関係し、片付けを嫌いにしているのです。

◇〝片づけ〟は、もっとラクに簡単になる！

部屋にモノが多く出ていると、1つや2つ片付けなくても目立ちません。いや、たったの1つや2つ片付けても、スッキリ感が得られないので、「まあ、いいいか」と先延ばしにしてしまいます。

私の夢は、自宅でフラワーアレンジメントの教室をひらくこと…
そのためのイメージトレーニング…

人はたいてい、趣味でもないかぎり、たいした目的もない片付けなどしたくはないのです。私も使ったら使いっぱなし、食べっぱなし、脱ぎっぱなしが決してイヤではありません。むしろそうしたいくらいです。でもその汚くなった状態が嫌いなので、仕方なく片付けるのです。

やる気を起こすには、目標が必要です。それが、きれいになった、という達成感です。

達成感を得る近道がまた、「捨てる」ことでした。

達成感のほかに、誰かに評価してもらいたい、よく思ってもらいたい、ということも目標になります。それが証拠に、人をお招きするとなると、片付けにも掃除にもせっせと励むではありませんか。

不要なモノを捨てたら、床にモノがなくなり、出ているモノがあれば目立ちます。それを片付けるとすぐきれいな状態に戻るので、片付ける気になるのです。

◇自然に体が動く「片づけのコツ」

「捨てるメリットがあることは頭ではわかった。でもその勇気が出なくて」とおっしゃる方は少なくありません。私もその一人でした。

「捨てよう！」と奮い立つ前にも何度か、処分しようと考えたことはありました。でも、またこの趣味を始めることがあるかもしれない、まだ使える、もったいない、と扉を開けては、「やっぱり入れておこう」とまた閉めることのくり返しでした。

いよいよその気になった最大の理由は、やりたいことが見つかったからです。

下の子どもが小学生になったときから始めた仕事が面白く、ライフワークにしてもいい、大げさなようですが、私なりに「生きる道」が決まった、という気がしたからです。つまり、過去の趣味より面白いことが見つかったので、それら趣味の材料は要らない、と決断できたのです。

捨てるには「決断と勇気」が必要ですが、その前にもっと必要なことがありました。それは決断を促す、または迫られる原動力となる「何か」だったのです。

「何か」とは、人それぞれが具体的にこうありたい、と願うことです。

私の場合は、掃除などの家事をサッと済ませたいということでした。表面に出た希望は、たわいのないことですが、その奥には、**「これからの自分の時間の使い方」の模索**があったのです。

たかが整理収納に、生き方が関係あり？　そんな大げさな、と思われるかもしれませんが、実際、収納カウンセリングをしているとそれがよくわかります。

例えば、「人を呼べるきれいな家にしたい」と漠然と願う人の場合、「きれいな家」というイメージだけでは、原動力として弱く、何ひとつ捨てられません。どうして、人をお呼びしたいのか？　それには、どこをどうしたいのか？　と具体性を持たせれば、必然的に、捨てることの必要性を感じていただけます。

だから、収納カウンセラーの最初の仕事は、潜在的にある原動力になるものを引き出してあげることにあるのです。

シンプルな暮らしは素晴らしいという本を読み、「自分もそうしたい」と思うなら、シンプルの何がいいのか、どこにあこがれるのか？　を具体化すれば、それが原動力につながるのです。

3章・捨てる決断、残す判断

「要るモノ」と「要らないモノ」減量作戦の進め方

この思いきった〝発想転換〟で
部屋は劇的に片づく！

収納のプロが教える！「部屋スッキリ」までのプロセス

さて、この章では、いよいよモノ別の具体的な捨て方を説明していきましょう。

布団　「部屋をもっと広く使いたい！」と思うなら

これは、処分に悩む代表選手です。「この布団さえなければ、あれもこれも押し入れの中に入って、部屋が広く使えるのに」と思っている人は少なくありません。確かに、そうなのです。しかし、処分するには、傷んでいないし、結婚するときに持たせてくれた親に悪いし……などと、あれこれ考え、迷ってしまいます。

布団には、かさがある、義理、使用頻度、もったいないと思う気持ちなどの、処分の踏ん切りをつけられない材料が揃っています。

例として、Aさんの処分決断までの過程をQ&Aで追ってみましょう。

Q　その布団は、使っていますか？

A　結婚して20年の間に、使ったのは4回だけ。故郷の両親が10年以上前に泊まりに来たときに。

Q　これから先、泊まりに来るお客様がいますか？

A　子どもが大きくなり、もう泊める部屋がないのでいません。でも、親が3年に一度くらい来るかもしれない。

Q　この布団がなくなれば、どんなメリットがあると思いますか？

A　このあたりの衣類と本も押し入れに入り、部屋が広く使いやすくなって、子どもも喜ぶと思う。

Q　使わない布団と、子どものための快適な環境、どちらが大切ですか？

A　子どものための環境。

Q　使うかもしれない、というときのために2つの方法があります。数年に1度くらい使うようなら、処分して貸し布団を利用する。もしくは、圧縮布団袋で小さくして収納。ただし、これは、体積は小さくなりますが、長い時間がたつと少しずつ空気が入り、元に戻る可能性あり。また空気を抜くという手間と出し入れの手間が多くなります。これらを踏まえて、どちらを取りますか？

A　貸し布団がラクそう。

Q　では処分ですね？　でも、いただいた親に悪いと思いませんか？

A　住宅事情、子どもの成長、掃除のしにくさなどのやむを得ない事情を言えば理解してもらえる親なので、大丈夫。

かくしてAさんは布団の処分に踏みきりました。あとは、実践のみです。ほかにも決断の道があるので、左ページのフローチャートを参考に、どうするかを決めてみてください。

衣類　「衣替え」不要の整理・収納法

捨てられないモノの第1位として、多く挙げられるのは衣類です。

ありすぎる服は詰め込み収納になり、いざ着よう、出そうと思っても出てきません。

通勤の帰り道にブティックがある、などという好条件が揃っていれば、買ったほうが早いとばかりに買ってしまいます。

結果としてまた服が増え、さらにギュウギュウ詰めになり、探しても見つからないので

布団を処分する？ しない？ 判断チャート

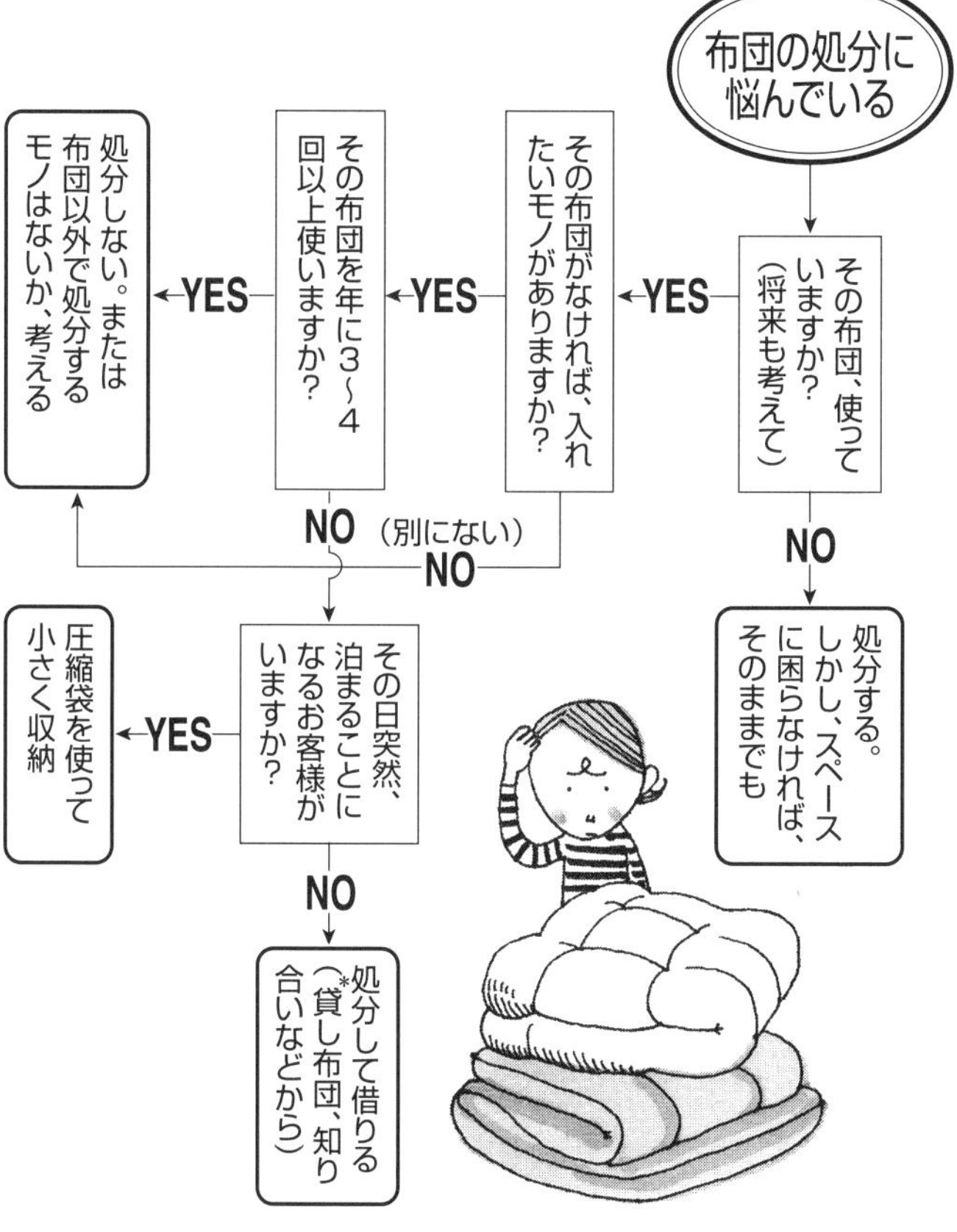
布団の処分に悩んでいる
その布団、使っていますか？（将来も考えて）
YES
NO
処分する。しかし、スペースに困らなければ、そのままでも
その布団がなければ、入れたいモノがありますか？
YES
NO
その布団を年に3～4回以上使いますか？
YES
NO（別にない）
処分しない。または布団以外で処分するモノはないか、考える
その日突然、泊まることになるお客様がいますか？
YES
NO
圧縮袋を使って小さく収納
処分して借りる（*貸し布団、知り合いなどから）

＊布団をレンタルしたいときは、タウンページの「貸し布団」で検索して問い合わせる。参考までに、料金は、私が利用しているもので一人分一式2,700円。申し込むとその日に配達され、希望の日に回収に来る。カバー、シーツ、枕カバーもクリーニングされていて、返すときは使ったまま返せる。

また買う、という悪循環が起きています。

心当たりがあれば、一度「減らす」を実行して、悪循環を断ち切りましょう。

捨てて減らすと、ハンガーに掛かっている服はすぐ取り出せ、たたんだシャツも、セーターも**どこにあるかが一目瞭然**になります。すると、コーディネートもしやすくなるので、逆に少ない枚数でも足りるようになります。

持っている服を把握できていれば、着なくなった服も判断して捨てやすく、かえってたくさんあるときよりも流行を楽しむことができます。

何より、一番の効果は、**衣替えの必要がなくなる**こと。衣替えは、使いやすいスペースに入りきらないからするのです。減らして衣類用収納スペースに収まる量になれば、それをしなくても済みます。

出すのがラクになれば当然戻すのもラク、つまり、すぐ片付けられる人になれるのです。

《「スッキリ感覚」が身についていないと、なかなかモノは捨てられない》

もう入れる場所はない、とわかっていても、捨てる勇気が出ません。そのような人には2通りあります。

「捨てたほうがいいんでしょうね」くらいの気持ちの人と、捨てようと何度も手に取ってみるけれど、捨てられない人。

おそらく、前者は収納スペースからすんなり服が出てこない状態でも、部屋に服が出ている状態でも、気にならないタイプだと思います。そういう人は、捨てることができないというより、捨てない人なのでしょう。

少々片付いていなくても気にならない人はおおらかな性格です。それはそれで素敵なことです。自分も家族も困らなければ、それでいいのです。

できれば、着ようと思ったとき、すぐ見つかるようにだけはしておきましょう。

どの状態を「スッキリ」と感じるのか？　には個人差があります。これは、性格、育った環境にもよります。

いつも整然と片付けられた環境で育てば、「片付いている」とはどのような状態かが感覚として身についています。しかし、部屋の隅にいつもガサガサとモノがあるような住まいの中で長く過ごせば、それが普通の住まい、という感覚になるでしょう。

もし、「スッキリ感覚」を身につけたいと思えば、インテリア誌を見たり、スッキリした部屋で暮らしている友人をつくり、遊びに行ったりするのが効果的です。

「捨てる」を行動に移すには、そのようなことも必要でしょう。

《「効率のいい収納」の、こんな落とし穴《あな》》

収納スペースよりもモノが多い場合は減らすしかないのですが、その前にもっと効率よくモノを入れる方法はないかと考えてみましょう。

まず、クローゼット、洋服ダンスに掛かっている服の下部に空間がありませんか？　あればそこを使います。

長いS字フックにハンガーを掛け、それをハンガーパイプに掛けると下の部分も有効に使うことになります。丈の短いスカート、二つ折りにしたスラックスも、段々に掛けていくハンガーを使えば、空間を有効利用することができます。

しかし、出し入れは決してスムーズではありません。

また、引き出しの中も隙間なく入れれば、収納量は増えます。しかし、たたみジワを多くつけ、アイロンをかけなければならなくなります。

収納量を増やせば、出し入れのしやすさ、使いやすさは減っていくということを承知の上でやっていただくことです。それでは困る、という場合は、タンスを買うなど収納量を増やすことを考えます。しかし、タンスなどを買う予算も、まして置く場所もない、という場合は、いよいよ「減らす」しか道はありません。

《何を捨てるか？　どれだけ減らすか？》

さて、減らす手順です。

①スムーズに出し入れできる「適量」を知る

●ハンガーに掛かっている服（コート、スーツなど）は、隣の服が触れ合う程度の間隔。
●たたんで重ねる服（ブラウス、セーターなど）は、10～20センチくらいの崩れにくい高さに重ねる。入れる家具は棚が理想。
●たたんで並べるモノ（下着類、小物など）は、重ならないように、引き出しに一列に並べる。

以上が、適量です。今あるスペースに、これらを意識して収納すれば、「これが余計だわ」と減らさなければならない分量がわかります。

②この7つの理由で迷っているなら、捨ててOK

次に挙げるのは、「捨てようかしら？」と迷う理由の数々です。これに当てはまるようでしたら、捨てましょう。

●型が古くなった

それを着て外出したことを想像し、気後《きおく》れしそう、と思えばもう着ません。

●すすめられて衝動的に買ったけれど、なんとなく似合わないような気がする

しょせん、好みではなかったのです。気が進まないモノは、この先も気が進まないでしょう。

●高価だった

服を見るたびに目の前でお札がちらつくケースです。しかし、そのお札は、屍《しかばね》と化しています。幻想のお金よりも、出し入れしやすい、すぐ見える収納のほうに価値があります。

●着た後の手入れが面倒

普段着なのにアイロンがけが必要、といったモノは着る前から気が重くなります。面倒なことを、これからはできる？　と自問しましょう。できない、と答えが出れば処分です。

●着ていると疲れる

年を重ねるごとに、着やすさを求めるものです。私もこの理由で捨てる服が増えました。

●今の自分の生活に適さない

子どもに手がかからなくなったのでフルタイムの仕事についた、という場合、部屋着、普段着は、本当に着心地の良いモノを残して、あとは捨てていいのです。その代わりに、外出着が増えるのですから。和服もこの範ちゅうです。判断の仕方は、思い出の着物（93ページ参照）に入れることにします。

●飽きた

見ただけで、「ああ、これね」と、見飽きた服があるものです。衣替えのたびに入れたり出したりするだけの衣類なら、時間の無駄です。3年出し入れしても着なかった服は、処分です。もっと楽しいことにその時間を使いませんか？　出し入れを楽しんでいらっしゃるのなら別ですが。

ここまでで、何枚か捨てる決心がつきましたか？　もしも「捨てる」判断ができても、迷いが残るとすれば、ただゴミにするのは忍びないからだと思います。「誰かに着ていただければ」と思う人は少なくありません。それには、リサイクルの努力が必要です。リサイクル先を探し、そこまで持っていく。それができなければ、ボロ布として資源ゴミに出すしかありません。

家の外に出す努力と実行がなければ、いくら決心がついても現状は変わりません。洋裁ができる人は、リフォームを考えます。それも大変良いことなのですが、つくり直した服を本当に着るかしら？　とよく考えてから手掛けてください。

「減らす」目的でリフォームしても、形が変わるだけで分量は減りません。むしろ、なおさら捨てがたくなるだけです。

③それでも迷う服への、最後の踏ん切りのつけ方

まだ、悩んでいる服があれば、次の理由だと思います。

●体型が変わったので合わなくなった

体型が戻れば着られる服は、もちろん捨てません。ただ、今着ている服と一緒にしまっていると、その分、窮屈な収納になるので、そのサイズのモノだけをまとめて、ほかの場所に移します。しかし、なかなか体型が戻らず、何年もたってしまうと、流行遅れになる可能性があります。サイズが戻ったときに着るかしら？　と考えるのも忘れないでください。

●気に入っているが、取れないシミがある

部屋着として着られれば着ます。それもちょっと、と思っている場合は、次の思い出品の位置づけになります。

●思い出がある

ウエディングドレスなどは、特に捨てられないモノです。場所が許せば、天袋などに

「思い出品」として収納。それよりも天袋に入れなければならないモノがあれば、結婚式の写真があるでしょうから、現物は処分です。

●着物

ほかに難題の衣類として、着物があります。

私の場合、欲しいという姪《めい》に、サイズがぴったりだったので、引っ越しの際、もらってもらいました。しつけ糸を取っていないものもあり、両親に申し訳ないとも思いましたが、和ダンスがあると、家具の配置が思うようにならず、家の中が住みにくくなって、収納も思うようにならなかったのです。

必要な枚数は、小さい着物用の桐《きり》の衣装箱を購入して移し、処分する着物は、1枚ずつ写真を撮りました。それが、「両親に申し訳ない」という気持ちを和らげました。着物はなくても、揃えてくれたという感謝の気持ちは残っています。

着ない着物に関しては、それぞれ判断方法が違います。

自分の着物は、自分で判断できますが、夫の実家から来た夫の着物は、また判断に迷うものです。あっても着ない、子どもも着られない着物は、処分してもいいはずです。

しかし、「そうしたいけれど、実家にわかってしまうと気まずい思いをしそう」と懸念されれば、生活に支障を来さないかぎり、取っておきます。

その場合、家にあるだけでいいのですから、小さくなるような入れ方に変えたり、少々邪魔でもあきらめたりすることが必要です。夫の両親との仲が悪くなるよりいいでしょう。

それがあることで生活に支障を来すようなら、正直に相談するか、それが親にとって酷だと思えば、黙って処分してしまい、知られてしまったら理解してもらうようにお話しすればいいと思います。

「もったいなくてリサイクルにも出せない、でも捨てたい」と思い続けている人は、置き場所がなくなったとき、また引っ越しなど、せっぱ詰まった状況になるまで考えないようにします。答えはすでに出ているのですから。

あとは、本人の**心の整理の機会になる、「せっぱ詰まったとき」を待ちます。**

捨てれば、スペース的にも気分的にも確実にラクになることがわかっていれば、うじうじせずに、「今を大切にする」と考え、思いきってもいいのではありませんか?

着物専門のリサイクルショップも最近多くなりました。委託して売ってもらう方法、買い取ってもらう方法があります。私もあるリサイクルショップに入ってみましたが、若い女性や外国の女性が多く利用していました。世に出せば、誰かに着てもらえて、着物も本望、というものです。

そのほかにも、はぎれとしてお人形づくりの材料に生かされているようです。

③時間に解決させる「熟成箱」をつくる

「捨ててもいいことは、重々わかっている。でも捨てられない」という服もあるはずです。その場合、「熟成箱」を用意しましょう。何を熟成させるのか？ と言いますと、「処分しよう」という気持ちを熟成させるのです。これがあれば、ワンクッションあるので、時間がたつとともに捨てる気持ちに持っていけます。

熟成箱の大きさは、家に空きスペースがあっても、みかん箱2個くらいまでと決めてしまいます。入れ方は、漬物の要領で平らになるように置き、ギュウギュウ詰めにしても構いません。

入れてしまってから、万が一、「あのスーツ着てみようかしら」と思ったときでも、クリーニング屋さんでプレスを頼めば、復活が可能です。これも精神安定剤の役目です。

そして、いよいよ熟成箱も思い出箱も満杯になったら、無条件に処分です。ここまでのプロセスを踏んでも捨てられない人は、「捨てたい」「スッキリしたい」と望まないほうが幸せなのだ、と考えましょう。

以上をフローチャートにしたのが、次ページの**衣類決断チャート**です。

衣類決断チャート

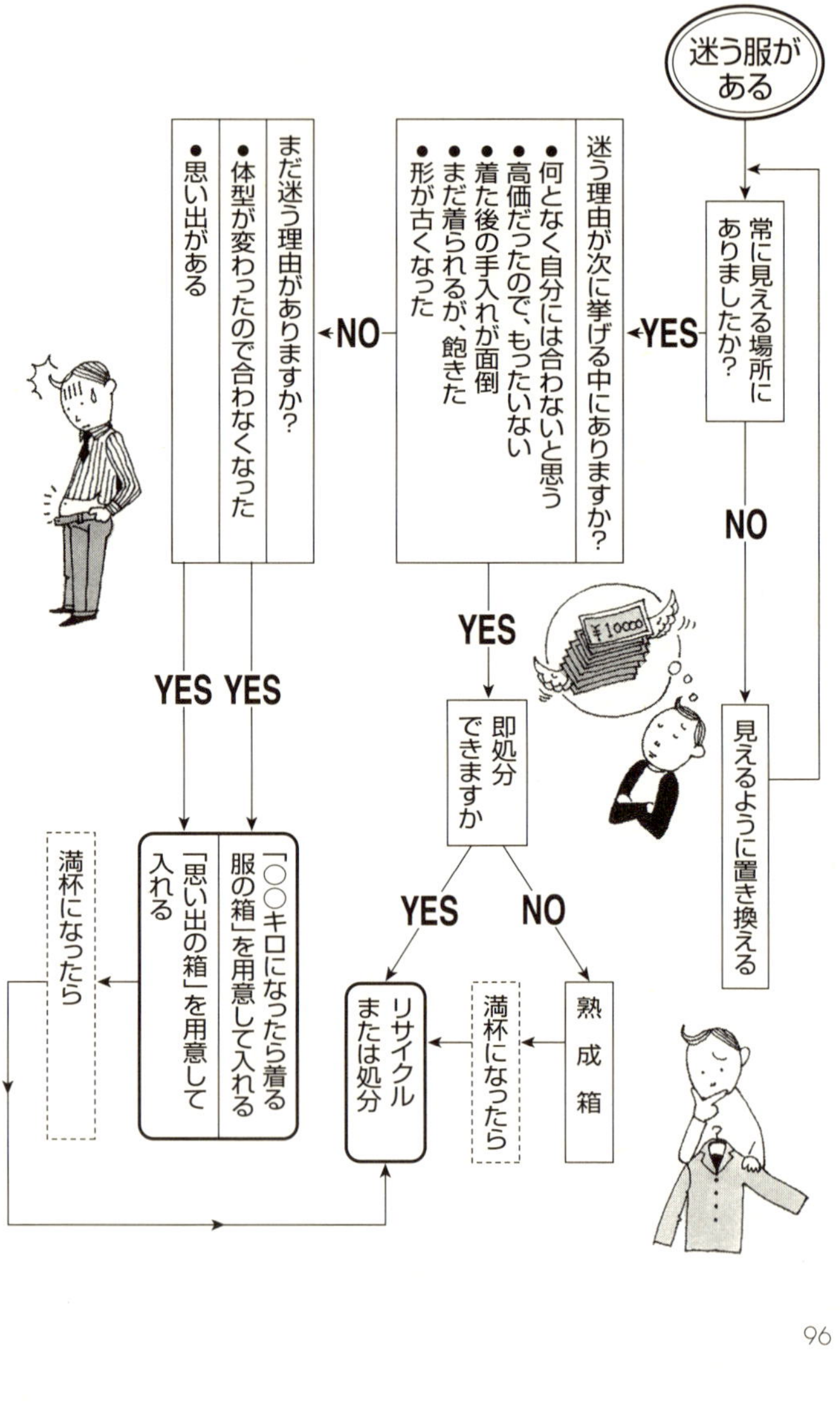
迷う服がある
常に見える場所にありましたか?
NO
見えるように置き換える
YES
迷う理由が次に挙げる中にありますか?
●何となく自分には合わないと思う
●高価だったので、もったいない
●着た後の手入れが面倒
●まだ着られるが、飽きた
●形が古くなった
YES
即処分できますか
YES
リサイクルまたは処分
NO
熟成箱
満杯になったら
¥10000
NO
まだ迷う理由がありますか?
●体型が変わったので合わなくなった
●思い出がある
YES
YES
「○○キロになったら着る服の箱」を用意して入れる
「思い出の箱」を用意して入れる
満杯になったら

書籍　手持ちの本を、4種類に分けて考える

本は、収納しきれない、処分できないモノの第2位に多く挙がるモノです。部屋が片付かず、気分的にもスッキリしない、必要な本を買っても置き場所がない、などの弊害を感じたら、処分するしかありません。その場合、その本を買ったときのイキサツや目的を考えてみます。だいたい次の4つに当てはまるでしょう。

〈本を買う目的〉

①人間性を豊かにするため、心の栄養にするため
②広い知識を得るため
③具体的なことを習得するため（実用書など）
④仕事のツールのひとつとして

買うとき、私は○○のために買って読む、などと特に意識はしていませんが、分ければこの4つになりませんか？

その中で、①と②は、気が向いたら、またいつか読むかもしれないと思う本です。その「いつか」とはいつなのでしょうか。捨てられない理由を挙げて考えてみましょう。

●この本が好きだったので、また読みたくなるかもしれない

これは、思い出のひとつと言えます。「ないとすごく寂しい」「本箱から溢れて部屋が狭苦しくなっても、本があることのほうが自分にとって心地よい」とはっきり認識していれば、「広いスペースはもう望むまい」と観念した上で取っておきます。そこまでの気持ちはない、と思えば処分です。

ただ、取っておく場合、次のような心配はありませんか？

あなた一人のセンチメンタルな感情によって捨てないでおくことで、一緒に住む家族が不愉快な思いをしていないか、です。

私が、収納に深く関心を持つのは、収納も最終的に人・モノ・自然への「愛」だと思うからです。

●まだ、内容が頭に入りきれていない。熟読していない

その本をまた、じっくり、読む時間と意思がありますか？

時間ができたら、または暇なときにでも読もうと思っているとすれば、処分。なぜなら、毎日やるべきことが目白押しの人に、自然と暇ができるでしょうか？　また、暇になったらとりあえずテレビを見るという人が、いつ本を読むのでしょうか？

あれが過ぎたら時間ができる、というはっきりした見通しがある場合は別です。

本当に読む意思があれば、予定表に書き込みましょう。それくらい強い意思がなければ、永遠に読むことはないでしょう。また、内容が、時の話題のもので、情報としてもう古くて通用しないと思えば、それも処分です。
③の実用書の場合には読む目的が明確なので、習得すれば不要です。料理の本も、料理してみて、つくり方がわかれば不要。
私は、どうしても手にしたくない料理の本がありました。どうしてなのかを考えてみました。それは、主婦になりたての頃に買った本で、表紙の絵が好きになれなかったのです。そのほか、古めかしいから、という理由で手にしないモノもありました。

読まない理由、使わない理由が、よく考えればあったのです。ただ、そんなことを真面目に考えたことがなかったのです。そのような本は今から好きになるはずもないので捨てました。

●並んでいる本を見るたびに、読破したという満足感を得られるのがうれしい

それなら、読んだ年月日、タイトル、著者名、感想などを書いた読書ノートをつくってみてはいかがでしょう。そして、本が並んでいるところを写真に撮るのです。そうすることで、処分することへの不安を和らげることができます。「そこまでは」と思えば、現状に甘んじましょう。

●並べた本の量で、知識人と思わせたい

これは、一種の〝かわいい見栄〟です。あなたの潜在意識の中にそのような理由が認められたら、その価値が自分にとって本当に必要かを考えて判断します。

私は、床を占領していた、すでに読み終わっている心の栄養となる本、知識を広げる本などを思いきって処分しました。そこに至るまでに考えたことは次のとおりです。

これらがあると部屋が雑然として気分が悪い → 今でも、これら以外に読みたい本、読まなければと思う本があるのに、前の本を読む時間があるか？ → ない → この本は万が一、読みたくなったら、手に入るか？ → 図書館に行けばあるし、買うこともできるはず。例えば、全集もの、百科事典は図書館にある。イザとなれば、国会図書館に行けばたいてい揃っている → 後から手に入らなくても、生きる上で困らないか → むしろ、今のこの

ストレスを抱えているほうが辛く、生活の上でも支障を来している→掃除をするにも、本をずらしながらするので面倒なうえ、時間も余計にかかる。その結果、一日の朝の家事をやり終えないうちに出掛けなければならない。それがストレスになっている→このストレスから解放されると身も心もラクになり、気分的に豊かに暮らせそうだ

このように納得済みの処分をしたので、後から、「あ、捨ててしまった、失敗！」と思ったことは一度もありません。もしも、本のこの部分だけが必要、ということがはっきりしていれば、その部分のページを大胆に切り取るのも手です。

一番簡単な「捨てる」目安は、スペースを限定することです。この本棚に入らなくなったら強制的に捨てる。本に限らず、そう割りきるのも捨てる能力です。

97ページの④の仕事のツールとしての書籍は、判断の仕方がちょっと違います。

例えば、研究に使う学術書、希少本は、簡単に言えば生活をしていくための仕事の道具です。料理人にすれば包丁、大工にすれば鋸《のこぎり》、鉋《かんな》に当たります。これがなければ、仕事が成り立たないかもしれないというものなので、処分はしません。仕事が替わり、使わなくなったときに処分します。

仕事をするには、仕事に使う道具（書類・本もそのひとつ）の体積、それを置くスペー

スの費用、管理する時間、得る収入を同じ次元で考える必要があるということです。

ＳＯＨＯ（独立した小規模事業者および個人事業者、在宅ワーカー）など、これから家で仕事を始めようという場合、資料がたくさん必要な職種であれば、それだけのスペースを確保できるか？　などを考えてから始めてください。スペースが必要なら、そのスペース確保のための費用も収支の計算に入れるべきです。

それを考えずに始めた方がいて、本の谷間で食事をしていました。「家族に申し訳ないと思う」とおっしゃるご本人も、辛そうでした。

《捨てるのをためらうあなたへ、本についての㊢情報》

捨てた後、もし必要になったら……と心配な人に、また、「ただ捨てるのは忍びない」と思う人に、いくつかの情報をご紹介しておきます。

①図書館を活用する

●公共の図書館を書斎代わりに使う

夏は涼しく、冬は温かい。静かで、集中して本が読める。新刊の本も、頼めば大半は手に入る、といいことずくめ。読書好きの人は、図書館が歩いて1～2分の場所に住まいを構えることをおすすめします。真剣に探せば、可能でしょう。

●専門図書館を活用する

マンガ、スポーツなど、ひとつの分野の本が揃っている図書館のこと。この存在を知っていれば、もっと捨てられます。詳細は巻末をご覧ください。

②CD－ROMを活用する

百科事典、辞書などはCD－ROMになっています。パソコンがあれば、それをおおいに利用しましょう。

③引き取り先を見つける

溢れた本を、定期的に古本屋に持っていきます。どこか近所で、相性のよい古本屋を一軒決めるといいでしょう。

また、一念発起して本の整理をしたけれど自分で運べる量ではない、という場合、宅配便で送れる引き取り先があります。福島県只見町の「たもかぶ本の街」です。こちらは、売値に相当する山林の所有権と交換する仕組みになっています。つまり、本を売って雑木林のオーナーになろう（ナチュラルピース）、ということです。

私はそこへ、遊びがてら直接本を持っていったことがありますが、わずかな協力でも、山林を守りたい、と思う人にはおすすめです。

問い合わせ　たもかく㈱　0241-82-2944

オーディオソフト　「記憶にないモノ」から優先的に処分

《処分が必要なCD、カセットテープ》

●買ってはみたものの、あまり好きではなかったモノは、即処分。
●めったに聴かないけれど、なぜかふと聴きたい気分になることがあるモノは要。
●1枚1枚タイトルを見て、こんなの持っていたかしら？　と思うモノは、なくても構わない処分モノ。記憶にあまりないモノは率先して処分を進めます。
スペースを決めても、知らないうちに適量を超えてしまい、違う場所に重ねだしたら、それが**「捨てどき」**です。

《「とりあえず録画」のビデオテープを増やさない方法》

不在のため録画したモノで、帰宅後すぐ見たいという気が起こらないモノは、処分してもほとんど困ることはありません。「録画した」ということが精神安定剤の役割を果たしたのです。

そのような録画を「とりあえず録画」と呼びます。これは誰にでもあること。意識しないでそれを続けていると、際限なく本数が増えていき、ひと部屋を占領するのも時間の問題です。

それを防ぐには、「とりあえず録画」用として、例えば家族で一人5本まで、と限定します。本数は、スペースによって決めるといいでしょう。

5本とも録画済みで、まだ見ていないのに、また録画したい番組があれば、5本の中で見なくても困らないモノを即座に判断し、重ね録りします。決して新しいテープの封を切らないでください。

捨てるかどうかの判断は、家の中にビデオテープが溢れている弊害と、録画したモノが消える弊害、どちらが大きいのかを比べてみることです。

録画は、考えてみると**「時間の収納」**なのです。時間はつくらなければ生まれません。自分の持ち時間を考え、その時間をつくる気がなければ、永遠に録った番組を見ることはないでしょう。

また、映画を録画しておけばビデオのレンタル代がかからない、という理由で録画して

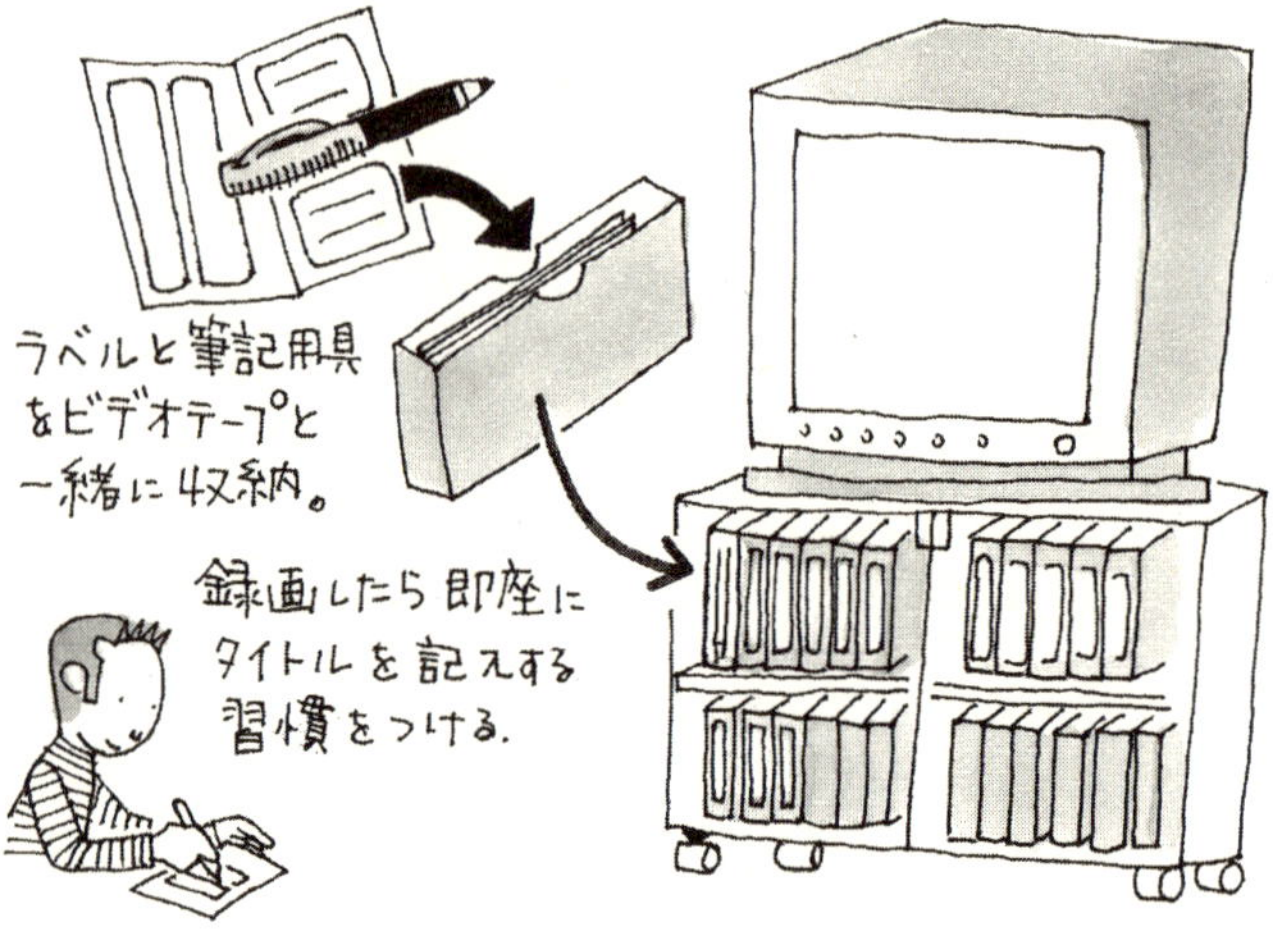
ラベルと筆記用具
をビデオテープと
一緒に収納。
録画したら即座に
タイトルを記入する
習慣をつける。

いる人も少なくありません。でも、よく考えてみましょう。

録画するテープ代、電気代、保管するスペースと収納用品代、管理（湿気の多い場所は避ける。寝かせて重ねない。年に一度はテープをまわして空気に当てる、など）の手間がかかっているのです。たいして節約にはなっていません。

気分的に急に、ふと見たくなるモノ、絶対レンタルされていないモノは優先して取り置き、ほかはレンタルで間に合わせます。

しかし、レンタル店まで遠くて時間がかかる、交通費が高いなどの不都合があれば、少しくらい詰めて収納してもそのほうがいいかもしれない、といった総合的判断が必要ということを忘れないでください。

また、ビデオテープが増える理由に、タイトルが記入されていないことが挙げられます。「何が録画されているかわからないから不安で、重ね録りできない」と思うものです。

その解消方法は、ビデオテープと一緒にラベルと筆記用具（これを関連収納と名づけている）を置き、録画したら即座にタイトルを記入する習慣をつけることです。

いただき物　こんな「困るケース」への対応策

《食料品は、欲張らないで、新鮮なうちに誰かに譲る》

食品のいただき物を溜めないためには、あなたの過去の経験を生かします。

嗜好の傾向は決まっていませんか？　今まで、開封したけれど、少しだけいただいて、そのままずっと冷蔵庫の奥にあった、というモノは、また同じ結果になりかねません。その記憶を思い起こし、好みでないモノはリサイクルです。

しかし、リサイクルと簡単に言っても、人によっては、差し上げ先がないことが少なくありません。捨てるとバチが当たるような気がするし、かといって食べる気にもならない。その結果が、「腐るまで待とう」「見なかったことにしよう」です。

このようなことにならないためには、おすそわけ先をいくつか見つけることが先決です。まず、ご近所、知り合い、友達です。とにかく新鮮なうちなら、喜んでもらっていただけるかもしれません。しかし、迷ってぐずぐずし、日がたつと、同じように差し上げたとしても価値は半減です。半減どころか、かえって心証を悪くするので、「欲張らないで、決断は速く」ということが大事です。

人にモノを差し上げるのも難しいものです。相手がわざわざ何かを買ってお返しに持ってきてくださったりすると、かえって迷惑をかけたような気になります。差し上げるときは、事情を話し、もらっていただくことが逆にありがたいのだと伝わるようにして渡します。

しかし、その相手が近くにいなければ、その道は閉ざされます。なんと、減らす重要ポイントは、気楽にやり取りできる人間関係を築くことにもあったのです。

考えてみると、このことは現代社会の事情と深くつながっている気がしませんか？　閉ざされた近所づきあい（人間関係）、その気持ちはあっても時間が取れない忙しさ、飽食の昨今。まるで関係がないように見えますが、片付かない原因がこんなところにもありました。

近くに差し上げる方がいなければ、離れた親兄弟、親戚、または友人のところにそのまま転送、という手もあります。もちろん送料がかかりますが、「腐るまで待つ」気持ちの負担がなくなります。

デパートから送られてきた食品は、残念ながら一般的に、取り替えがききません。しかし、店によっては、食品の交換サービスを行なっているところが稀《まれ》にあるので、電話で商品名を言って聞いてみてください。

《「素敵!」と思っても、今すぐには必要ない場合》

捨てても、意に反して増えるモノがあります。冠婚葬祭のお返しなどです。そのモノを処分する手順を述べましょう。

まず、チャイムが鳴って玄関に行くと、お届け物でした。その瞬間はうれしいものです。しかし、うれしいからといって、ビリビリ破るように包装をほどいてはいけません。なぜなら、デパートから来たモノは換金できたり、取り替えられたり、またフリーマーケットなどに出せるかもしれないからです。そのとき、包装はきれいなほうがいいのです。

取り替え手段は後述することにして、まず、開けたら好みのモノだった、とします。それは、使用するほうにまわします。

例えば、素敵なデザインのコーヒーカップ。しかし、すでに同じ用途で使っているモノがある、しかも収納スペースがない、という場合は、今あるコーヒーカップを処分します。なぜなら、両方を飾ると逆に出し入れもしにくく、美しくもなくなるからです。今使っているカップを処分する勇気と決断がなければ、新しいモノは出せません。

「エッ！　そんなことできない」という場合は**「ストックスペース」**をつくり、古いほうをそこに入れ、ときどき入れ替えて楽しみます。そこが一杯になったら、処分です。その頃には、捨てる決心がついているはずです。

リサイクルするには、その日まで家に置く場所が必要になります。それを**「リサイクルスペース」**とします。「ストックスペース」が一杯になったら、「リサイクルスペース」にまわします。

この2つのコーナーを家の中に確保するのがポイント。今までの収納カウンセリング経験から言って、ひとつのスペースにつき一間の押し入れの4分の1くらい（左ページ下のイラスト参照）を確保しておけば安心です。

その位置は、リビングから近く、入れやすく、目につきやすい場所が適当。例えば、リビング隣の和室の押し入れ、廊下の物入れ、玄関の収納場所などです。

「ストックスペース」「リサイクルスペース」の2カ所も別々に確保できない、という場

いただき物の整理がすぐにできる！ 判断チャート

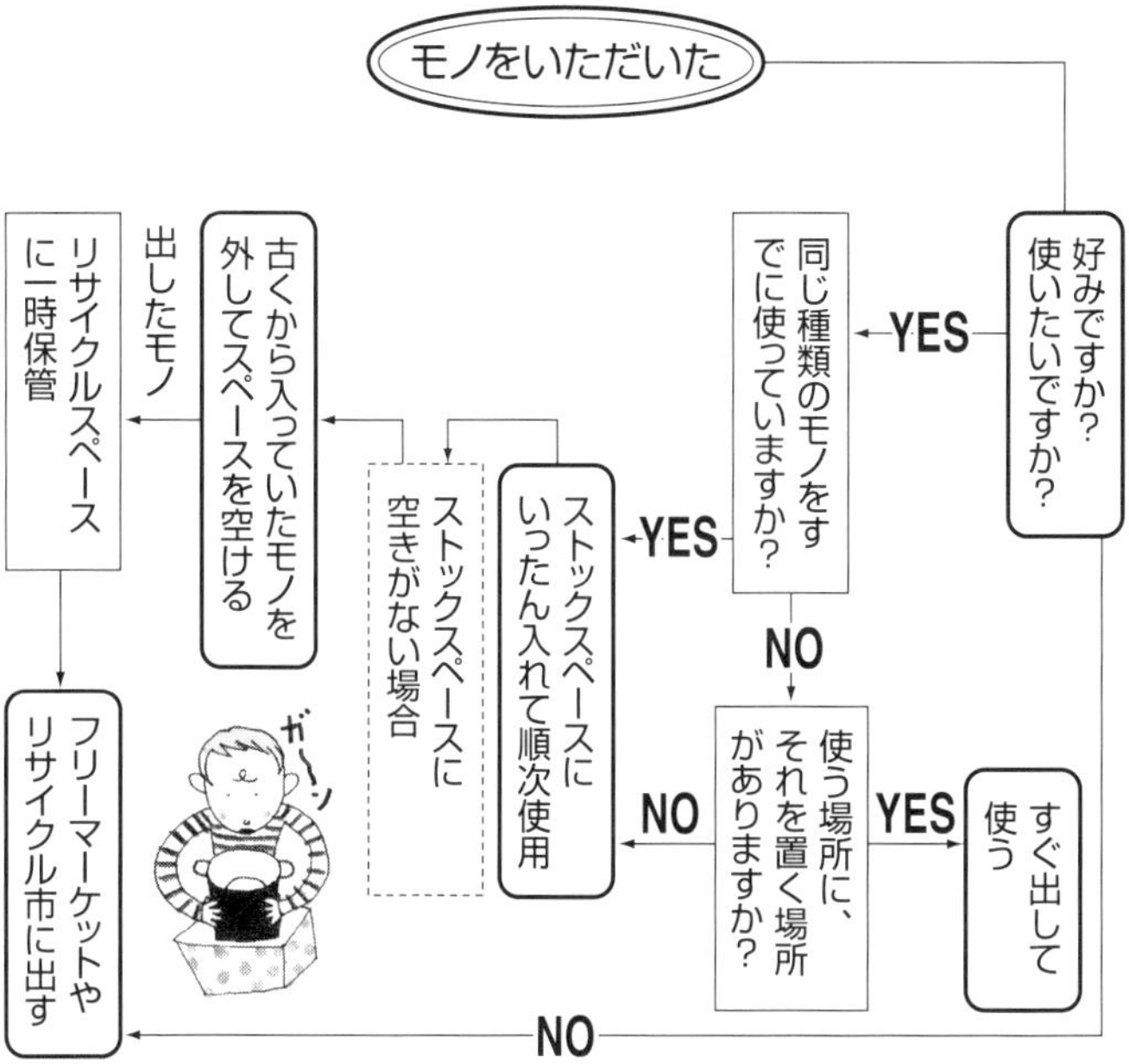

モノをいただいた
好みですか？
使いたいですか？
YES
同じ種類のモノをすでに使っていますか？
YES
ストックスペースにいったん入れて順次使用
ストックスペースに空きがない場合
古くから入っていたモノを外してスペースを空ける
出したモノ
リサイクルスペースに一時保管
NO
使う場所に、それを置く場所がありますか？
YES
すぐ出して使う
NO
フリーマーケットやリサイクル市に出す
NO
ガ〜ン

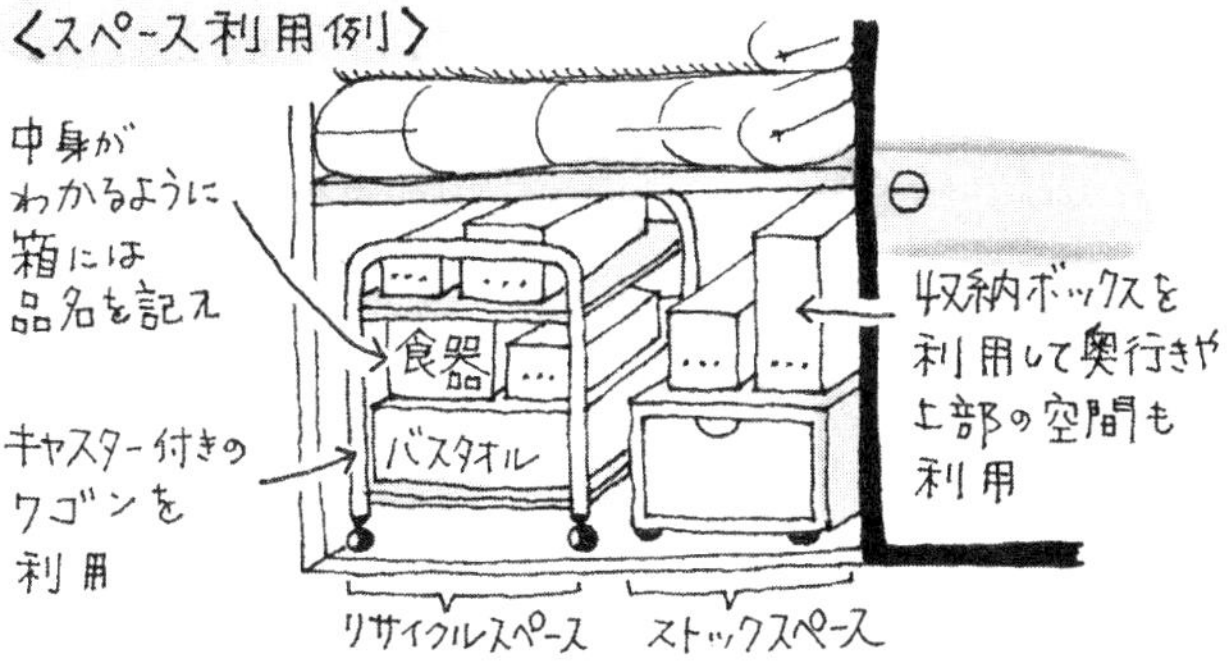

＜スペース利用例＞
中身がわかるように箱には品名を記入
キャスター付きのワゴンを利用
食器
バスタオル
収納ボックスを利用して奥行きや上部の空間も利用
リサイクルスペース
ストックスペース

合は、共通の場所として1カ所決め、その中で意識して分けて入れます。

漆器などは、普段に使うのはもったいないような気がして、箱に入れたまま吊り戸の高い場所に置いてしまうことがありますが、それではいつまでたってもそこにあるまま。好みのモノであれば、どんどん使って日常を楽しみましょう。

使うと、欠けたり剝《は》げたりしますが、そうなれば惜しげもなく処分することができます。漆器にとっても、死蔵されているより本望のはずです。

またシーツなど、すぐには使わないけれど、今のモノが傷んできたら使うという消耗品も「ストックスペース」です。ただし、場所が許されるかぎり、です。溢れた分は、リサイクルにまわします。モノもお金と同じ、「天下のまわりもの」と考えればいいのです。

これまでのことをフローチャート化したものが前のページです。

《同じ用途のモノは、2種類以上持たない》

ハレとケ、この使い分けは気持ちが引き締まって残していきたい習慣ですが、そのために、同じ用途のモノを二重に持つことになります。

スペース的に許されなければ、使い分けはやめて好きなほうだけ使うことにします。これで、器の場合はかなり多くを処分することができます。

普段にも、良いモノを使うと気分がいいものです。常に自分をもてなしていれば、お客様のおもてなしも上手にできるようになります。

食器　使わずに飾ってあるだけのモノ、ありませんか？

日常使っている食器は案外決まっているものです。それはたぶん、その家庭の料理の盛りつけに合ったサイズ・色・形であったり、好みであったりするのでしょう。それがよく使う理由です。

使わない理由というと、その逆が考えられます。何を盛りつけても似合わないし、大きすぎたり、深すぎたりする。色も盛りつけることでかえっておいしくなさそうに見えてしまう、などです。よく考えればそうだった、というモノは処分の対象です。

置き場所がなくて、手の届かない高い吊り戸棚に箱のまま入っているモノはありませんか？　それらを使ってみたければ、一度箱から出して使える状態にしてみます。それでも使う気にならなかったモノは処分です。

箱から出して食器棚に入れると、それだけ食器は増えるのですから、前よりも出し入れに時間と手間がかかるはずです。したがって、使わない食器はただの邪魔物となり、淘汰されていきます。数が少なければ、出し入れはスムーズなのです。そのことを忘れないでください。

処分してもいい目安は、次のとおりです。

①いつも見える場所にあるのに、何年も使ったことがない食器。

②箱に入っているモノで、何が入っているのか見るまで思い出せない食器。

③箱の中を確認し、やはり使わないと思った食器。これは、しまうスペースがあったとしても処分したほうがさっぱりします。

④重すぎて使いたくない、と先に思ってしまう食器。

⑤凹凸が多く、洗うのが面倒と思う食器。

⑥欠けてしまって使いたくない、でもどうしても愛着があって捨てられない、という食器は「思い出品」扱いです。それがあるために、出し入れが困難になっていれば、そこから出して、天袋など取り出しに不便な場所に入れるか、写真に撮ります。そこまでするほどでもない、と思ったら即処分です。

⑦飽きたので使わない食器。

これら①～⑦に該当する食器は、これからも使いません。なければ、食事ができないということがないかぎり、処分します。

《「来客用」を別に持たなくても困らない》

普段使いの食器を来客用に使う考えと、来客用を普段に使う考えがあります。どちらも1種類で済むので、全体の数を減らすことができます。

来客時に便利な食器の選び方をひとつご紹介しましょう。

円形ではなく、楕円形または長方形の同じ大皿を数枚用意します。その形なら、1枚のお皿に何種類かを一緒に盛りつけしてもおいしそうに見えます。つゆが出るものは、アルミホイルなどを利用してもよいでしょう。

それと取り皿。和洋折衷のモノを、一度に接待する人数の2倍の枚数分、用意しておきます。いずれも重ねられるモノがいいでしょう。

長方形または楕円形の食器なら、テーブルにセットしやすく、収納の場所を取りません。それらはもちろん普段にも使えます。これで、今まで漠然と来客用と考えていたモノも不要になってきます。

ただし、すでに、きちんと「○人分の来客用食器」と決めて収納しているのなら、それをわざわざ崩す必要はありません。日常の食器とは別にして保管します。

《「使わない食器」の賢い処分先》

まず、リサイクルを考えます。

セットだったモノがバラになっても、フリーマーケットで売れます。ただ、汚れていたり、ひびが入っていれば、よほどの骨董品でないかぎり売れません。

友達、知り合いの方と、お互いにリサイクルするのもいいでしょう。自分は飽きたけれど、そうでない人にとっては目新しい、ということがあるので、箱にまとめて入れ、持ち帰っていただきます。

ある人は、自分の家の前に「自由にお取りください」と書いて置いたらなくなっていた、とおっしゃっています。入れる袋も添えておけば、より持ち帰りやすいでしょう。ただゴミにするよりは、環境にも、そのモノにとってもずっとよいはずです。

新品のモノが、大量にある場合は、リサイクル業者に取りに来てもらいます。タウンページなどで、家の近くの業者を探し、持っていってもらいましょう。

前にも述べましたが、デパートから届いたモノは、そのお店に持っていけば換金、または取り替え券に換えてもらえます。モノによっては断られるので、前もって「○○は取り替え可能ですか？」と電話で聞いておいたほうが賢明です。行ってから断られては無駄足になってしまいます。

返品もサービスの一環と考えるところが多くなりました。対応が悪いお店は利用しないようにしたいくらいです。

《不意のいただき物の回転をよくする工夫》

しかし、いくら要らないモノを処分し、コレはここと置いても、不意にいただき物があれば当然また増えます。その**不意に来たモノの置き場所**はあるでしょうか？

じつは、収納のポイントはここにあったのです。

いただき物が絶えない、という場合は、何があるのかすぐ見える**「ゲストスペース」**の棚を、目につく場所につくります。

「我が家は狭いから、いつでも空けておけるようなスペースなんか取れないわ」と思うかもしれません。そう思ってしまったら、片付いた家に住むことは永遠に無理、と考えてください。

このスペースがなければ、つい入れやすい場所ならどこへでも入れてしまいます。そうしたモノが1つ2つと増えていくにつれ、何が、どこにあるのか、わからない家になるのですから。

そのスペースを設ける場所がない場合は、前に述べた「ストックスペース」「リサイクルスペース」と兼用にします。

そのスペースは、モノが一杯にならないように常に心がけて、減らします。

新聞・雑誌の切り抜き

「活《い》かすために捨てる」情報整理術

ここで対象にしているのは、家庭で扱う情報です。

「現在、数年にわたる新聞・雑誌の切り抜きが溜まって収拾がつかず、困っている。かといって、バッサリ捨てることもできない」とおっしゃる方は、何を捨てればいいのか判断できないのです。

その場合、次の質問に答えてください。
①その中の情報を見て活用したことがありますか?

②見たいと思ったときに、その情報はすぐ見つかりましたか？

③見つからなくて、生活に支障が出ましたか？

特に重要なのは③ですが、これらすべてにいい答えが出せないようでしたら、一度リセットのつもりで処分しましょう。

情報は、いつか役に立つかもしれない、と先のことを考えて保管します。でもそのことで、今、肝心な書類が出てこないといった支障があれば、それは問題です。たとえて言うなら、今、クスリを買うお金がなくて死にそうなのに、生命保険料を払っているようなものです。

「情報」の捨て方ですが、目をつぶって「とりあえず捨てる」はおすすめできません。稀《まれ》に、今必要な書類が捨てた中に紛れているかもしれません。たとえ紛れていなくても、何かが見つからないとき、もしかしたらあの中に入っていたのかしら？　と不安になるからです。捨てたことにも、捨てていないことにも自信を持つために、**捨てる前にひととおり目を通す**必要があります。

本来、情報は鮮度が命。古いものは役に立たないことが往々にしてあります。

例えば、グルメ情報で〝おいしいお店〟があったとします。それを見た1年後、行ってみたら閉店していた、ということだってなきにしもあらずです。

情報を回転寿司のお寿司にたとえると、なかなか面白いものです。

まず、お寿司は生ものですから、新鮮でなければ喜ばれません。また、「あれが欲しい」と思っているとまわってきます。

情報も、アンテナを張っていれば、テレビ、新聞、雑誌などのメディアに乗って目の前に届きます。

違うのは次です。お寿司は、アレコレ食べたいと思っても胃袋の大きさは決まっているので、いやでも入る限界がわかります。それに比べ、情報は限界がわかりにくく、いくらでも抱えることができると思ってしまいます。

でも、それは間違いでした。うまく消化させ、栄養にする時間とエネルギーがなければ、集めても気になるばかりで、何の役にも立ちません。
そのようなことも考えながら処分していきます。その結果、厳選して出し入れしやすくした情報は、おおいに活用することができます。つまり「活かすために捨てる」のです。

《「後から見よう」は絶対禁止！》

捨てられない理由には、「この集めた資料、使うことになったらどうしよう」という不安が挙げられます。不安を取り除くには、万が一、必要になったときの入手手段、情報源を押さえておけばいいのです。

例えば、健康問題なら地域の保健所、商品に関してならメーカー、そのほかのことなら消費生活センターに問い合わせれば、たいていのことはわかります。

図書館の利用については、書籍のところで述べています。

得た情報を使いこなせない人は、情報をむやみに増やさないことが必要です。情報が目に入ったときには、まず読んで脳裏に刻んでしまおう、と努力するのです。後から見ようなどと思わないほうが賢明です。

メモは、忘れることの始まり。書き込んだり、切り取って貼る時間があれば頭に入れてしまう。それくらいの気構えが必要です。

厳しいようですが、結論として、「情報を処理する能力のない人は、多くの情報を集める資格がない」ことを、頭に入れておきましょう。

領収書・保証書 「もしも」の場合に、最低限、保管しておくべき期限は？

書類の中で、何やら数字が入っている書類は、大事なのかもしれないと思い、すぐに捨てる気にはなりません。捨てるのが不安なのです。不安をなくすためには、内容をよく知ることと、何のために自分は保存しているのかを明確にすることです。

もしも、レターケースなどの浅い引き出しに書類が重なって入っていて、開けるたびに引っ掛かるようなら、それをまず全部出して広げてみてください。そして、同じ内容と書式のモノがあれば、それらをカルタの家族合わせのようにまとめてみます。

すると、どのような内容のモノが、いつ、どの間隔で来ているのかがわかります。それから、要る要らないを確認していきましょう。

《公共料金の領収書》

光熱費などの領収書は、銀行振込みの場合、今月分からさかのぼって3枚は取っておき、それ以外は捨てます。

新しいモノがポストに入ってきたら、入れ替わりに一番古い1枚を捨てます。なぜなら、取っておく理由が、おおまかに使用量を把握するためだけだからです。前月に比べて極端に使用量が多かったり、少なかったりした場合、3枚あれば、例えば使用量と領収料金の日付がひと月ずれていても確認できます。

領収書を保管する目的は支払ったという証拠にするためですが、銀行振込みならそれは通帳に印字されるため、支払い済みの証拠はきちんとあります。

保管する目的が違えば、その期間も違ってきます。もしも、1年間の変動を把握したいという場合には、12枚保管することになります。これも、家計簿につけたら、取っておく必要はありません。

とにかく、何の目的に使うのかをはっきりさせて、それに関係ないモノは処分します。

正式には、5年間保管するように書かれています（時効が5年）。発行元に問い合わせると、「お客様から（過去にさかのぼり）何か申し立てがなければ、こちらから見せてください、と言うことはありません」とのことでした。

《その他領収書、レシート、保証書》

領収書は基本的に、返品、問い合わせ、確定申告に使う以外は不要です。衣類、家電製品、毎日通うスーパーのレシートなど、とにかく領収書を捨てられない人がいます。もしも思い当たれば、何のために自分は取っておくのか？　を考えてみましょう。

買ったモノを使い始めて何か問題があった場合、返品するのに領収書が必要、ということであれば、商品に問題がないことがわかった時点で処分です。

それでも心配なら、領収書の有効期限内は捨てません。

家計簿をつけるために取ってあるなら、記帳したら処分です。

メーカーに責任がありそうなモノは、そのメーカーに問い合わせればいいのですから、領収書はなくてもいいでしょう。

家電製品など保証書がついているモノは、それに販売店名、日付が記入されているかを確認します。記入されていれば、不都合があった場合、保証期間中なら返品または修理を受けつけてくれます。だから、領収書は要りません。

家計簿をつけている人で、「まだ記帳していないので領収書が捨てられない」と、箱に2〜3年前のモノまで入れている人がいます。

その場合、これから、そのような昔のモノを記帳する必要があるかどうか考えてみましょう。また、記帳する時間が取れるかどうか、もです。そうしている間にもどんどん記帳していない領収書が増えていきます。

毎日毎日その時間が取れない人に、これからも時間が取れるはずがありません。また、時間があっても疲れていてその気力がない、という場合、これからも記帳できるでしょうか？　まずは溜まっている1年以上前の分は捨てます。

家計簿をつけたいのにつける時間がなくて、ということなら、返品、問い合わせのためを除いて、領収書は基本的に捨てます。家計簿を「つけなければ」と思うことがストレスになるほうが問題なのです。

つけるとすれば、内容を分析して、倹約につなげたり、貯める工夫をするために役立たせなければ、あまり意味はありません。

何を買ったのか？　今の所持金に間違いがないか？　といったことだけでも確認したいということであれば、現金出納帳に計算しないで、出費だけの記入でもいいと思います。

それも、つけられないのであれば、「出るものは出る」と開き直って、生活費、教育費などと、お金を別々の封筒に入れ、そこから出して使えば、使いすぎを防げます。

はがき・手紙類　私信、ＤＭ、残高明細……それぞれの場合

《銀行からのお知らせ》

定期預金をしていれば、残高明細のお知らせが来ます。よく見ると、これは定期的に来ています。新しく届いたモノは内容を確認して、預金通帳に記帳済みなら、一番近い日付のモノ１枚だけを残して捨てます。

ただし、外資系の銀行などでは通帳がないことがあります。その場合、定期的に取引明細が通帳の代わりに送られてきます。それらをとじたモノが通帳となるので、これは保管する必要があります。

《プライベートの手紙》

基本的には、読んだら捨てます。

まずは、今までに横着して溜まってしまった手紙の振り分けからいきましょう。その中で、特に、老後などに読んで楽しみたいから、と取っておく目的のはっきりしているモノは、もらった人別にほかの場所に保管します。

その他はすべて捨ててもいいのです。

「どれも後から読みたい」と思ったとき、果たして自分にその時間が取れるかしら？　と自問します。「時間ができたら○○をしたい」と何か別のはっきりした希望がある場合、手紙を読み返す時間はないと思います。

とにかく、また読んでみたいと思う価値のある手紙だけが「保管」です。あとは、捨てます。

次は、今日来た手紙についてです。

届いたらすぐ読みましょう。忙しいときに来て目を通す程度になってしまったモノは、もう一度ゆっくり読みます。

そのためには、状差しが必要です。それが一杯になったとき、溜まった手紙の振り分け

方と同じように、捨てるモノ、保管するモノ、に分けます。

《年賀状》

基本は1年分の「保管」です。ただし、芸術的なデザインのモノや写真付きのモノは何度見直しても楽しいものです。シリーズのようにして取っておきたいモノは、去年の年賀状を捨てる際、それだけを別に保管します。

去年来たか来ていないか、また何年前から来ていないかが一目瞭然の方法があります。それは、イラストのように、カードファイルに一人1ポケット使って、入れていく方法です。今年も同じ人から来たら、その上に重ねます。常に、一番上がその人の最新の年賀状となります。

《ダイレクトメール、招待状》

基本的には、目を通す時間がなくて溜まっていくダイレクトメールは、来なかったモノとしてあきらめて捨てます。封筒を見て全く関心の持てないモノは、開封する位置の足元にゴミ箱を置いて、即捨てます。とにかく1枚でも溜めない、という気構えが必要です。バーゲンのお知らせなど、行ってみようか、買ってみようかと、心が動くモノがあっても、今不自由していなければ、不要です。

そのお知らせを潔く目の前から消せば、不思議と忘れてしまうものです。そうすれば、モノも増えないし、紙も残らないし、お金も減りません。

ダイレクトメール、カタログにかぎらず、返事を出す必要のある招待状もあります。この場合、返事を決めるのには、さまざまなプロセスを経なくてはなりません。出席しなければ失礼か？　体はひとつなので、あちらとこちら、どちらに参加すべきか？　などと迷って決断できないモノが溜まっていきます。

溜まらないようにするには、**決断を速く下す能力が必要**なのです。

今日は「気休め箱」の
月1回の整理です。
そっかぁ‥‥
セールは、もう
終わっちゃったのネ
じゃあ 捨てよ♥
クリアランス
Sale
○月×日
まで!!
気休めBox

何にでも決断が鈍い人、返事を書かなければといつも宿題を背負っている人は、決断するモノ、返事を出すモノを少なくする方向で考えたほうが賢明です。例えば、やたら多くのサークル・会合に参加しないことです。

そうはいっても、どうしても即捨てる気にはならないモノもあるでしょう。その場合は「気休め箱」を用意していったん保管し、「期限切れ」を意識的に待ちます。要するに、**時間に捨ててもらう**のです。

そのまま捨ててもいいの?――可燃と不燃の分別法

1章で述べたように、環境のことを考えるとどう捨てればいいのかわからず、取ってあるモノがあります。それも捨てられない大きな原因になるので、処分方法をメーカー、清掃局などに問い合わせてみました。答えは次のとおりです。

《家庭薬》

有効期限の切れたクスリ、病気が完治したので要らなくなったクスリは捨てます。

しかし、「燃えるゴミなのかどうか処分の仕方がわからない」、または「バチが当たるような気がして」などと処分できないでいることがあります。「不燃ゴミ捨て場は未知の化学工場」とも言われるだけに、心配にもなります。燃やしてしまっておかしな排ガスは出ないか? などと考えると、うかつには捨てられません。

そこで、清掃局に聞きました。家庭薬の成分は、有機物なので可燃ゴミとして捨てていいということです。

《液体調味料》

気づいたら賞味期限が切れていた醤油、または使いきれなかった焼肉のたれなどは、そのまま下水に流すと水質汚染につながらないか？　と悩むものです。そこでメーカーに問い合わせてみました。自治体のゴミ処理の仕方によって違いがあるようですが、方法は次のとおりです。

①家庭で使う量なら、少しずつ水と一緒に下水に流す。
②繊維質分を含む液体の場合は、先に目の細かいモノで濾《こ》してから下水に流す。
③布に染み込ませて水分を減らし、可燃ゴミとして捨てる。これは、燃焼させたときダイオキシンが発生しないように、高温（８００度2秒以上）で焼却できる焼却炉を使用している地域に限り、ということです。

それがわかっても私はやはり、シンクに流して捨てることに抵抗を感じます。その辛さを味わうのがイヤなので、割り高になったとしても小さいサイズのモノを買って使いきる、を心がけるようにしています。

《保冷剤》

生ものを購入するとサービスでつけてくれる、また宅配物に入ってくる保冷剤。これもあると便利なのですが、適量を超えると、処分に悩みます。

これらの原料の95パーセント以上は水分。あとは天然ゴムや澱粉《でんぷん》をベースにしたプロピレングリコール、着色剤、寒剤、制菌剤など、基本的に加工食品に用いたり、人の体につけたりするモノなので、可燃ゴミとして捨ててもいい、とのことです。

そう言われても、捨てるとき、「まだ使えるモノをゴミにして、ゴミを増やしてしまう」と思うと、気が重いものです。ぜひ、これらの回収システムができることを希望します（問い合わせ先：旭電化工業㈱）。

《防虫剤》

買ったけれど臭いが気になるなどで使いたくない場合は、不燃ゴミとして捨ててください、とのことです（問い合わせ先：エステー化学㈱）。

私は化学的な防虫剤の臭いが苦手ということもあり、また空気を汚染しているように感じることから、使っていません。むしろ、虫がつく条件を減らすことを考えています。それは、長い間、湿度と温度の高い場所に入れっぱなしにしないということです。つまり、手を通さないような衣類は、持たないように心がけています。

どうしても心配な衣類には、シダー（アメリカ杉）を使っています。これは、時間がたつと臭いが減少するので、効果がなくなるような気がしますが、サンドペーパーをかけるとまた香って防虫効果が出てきます。少し高価ですが、一度買えば一生使えます。

《脱酸素剤》

食品に入っている脱酸素剤も不燃か可燃か迷うモノのひとつです。それは、中身は鉄粉または軽石のようなモノなので可燃、包装材料はポリエチレンなので不燃とのことです。ゆえに、高温の焼却炉で処理する地域はそのまま可燃物として、それ以外の地域は、真面目に中身を出して、分けて捨てると完璧と言えそうです（問い合わせ先：三菱ガス化学㈱）。

「ストック」は、いつまで可能？

◇化粧品は「未開封で3年」が目安

いただいたり買ったりしたモノの中で、色・香りが気に入らない、と使う気にならずにいつまでも置いてある化粧品は、誰でもひとつやふたつはあるものです。また、未開封のモノで、しばらくの間置いていて、まだ使えるのかしら？　と悩むモノもあります。

捨て方は？　保存期限は？　これらがわかれば、捨てるなり、使うなりして減らすことができます。

まず、未開封のモノの保存期限に関しては、常温で日光が当たらない状態で3年は持つとのこと。ファンデーションは、もっと寿命が長くなります。

開封されたモノに関しては、高温多湿を避けた通常の使い方で、1年〜1年半くらい。

けれども、保管状態には差があるので、それはあくまで目安。いつもと違う臭いだったり、べたつきなどを感じたら使うのをやめてほしい、とのことです。

捨て方は、化粧水や乳液など液状のモノは、布、ティッシュペーパーなどに染み込ませて可燃ゴミに。ビンは不燃ゴミ（詳しくは自治体の仕分けの仕方を参考にしてください）として捨てます（問い合わせ先：㈱資生堂）。

◇「賞味期限」の正しい判断法

食品の「賞味期限」とは、それを過ぎたら腐って食べられないという期限ではなく、未開封で表示どおりの保存状態にしておけばおいしくいただける、という期限だそうです。昨日までは食べられたのに、今日からは食べられない、というようなことではありません。開封後は買った側の責任になるので、食べる時期の目安として（保管状態の違いがあるので）賞味期限を気にすればいいようですが、あくまでも色、臭い、味にいつもと違うものを感じたら、口にしないのが無難です。この〝いつもと違う〟を見分けるには、常に本来の味を知っておこうとする意識が大切だと思うのです。

現代人は、何ごとも数値化（デジタル化）されていると安心し、信用しがちです。しかし、食品に限らず、「いつもと違う、何か変」という、一見曖昧とも思える判断が、じつはとても大切なことなのではないでしょうか。

とにかく、迷っているために捨てられず場所を塞いでいるモノがあれば、商品に表示されている〈お客様相談室〉に、それがなければ、その会社に問い合わせて処分方法を聞きましょう。

消費者は、案外真面目なものです。ビンの注ぎ口についているプラスチックも、それ専用のハサミを買って外してからゴミに出す、という人も決して少なくありません。

また、ビデオテープやカセットテープは巻き取り部分とテープの材質が違うため、分けて出せばリサイクルできて環境保全の役に立つと言われれば、やってみようと思うかもしれません。

それを知りながらそのまま捨てる人も、もちろんいるでしょう。でも、どこか後ろめたい気持ちになっているはずです。

とにかくメーカーにお願いしたいのは、ゴミにするときの捨て方を、材質表示とともに明記してもらうことです。また、「容器包装リサイクル法」もより強化すべきだと思います。

「いつか時間ができたら」の「いつか」は永遠にやってこない

◇生活スケジュールの中に「捨てる日」を組み込む

「捨てる必要があることはわかっている。でもその時間がない……」という人は少なくありません。自分の経験からも、それは十分理解できます。要・不要を見極めるには神経を使い、頭の中もいろいろな考えをめぐらせなければならないので、時間がかかります。また気力もなければ判断できません。

それなのに、いつかあまった時間ができたときに捨てようと考えてしまうのです。毎日することが目白押しの生活の中で、まとまった時間がぽっかりと生まれるはずがないのです。その時間を待っていると、たぶん一生、整理できずにスッキリしない人生を過ごすことになるでしょう。

そこで意識を変えて、**「捨てる日」を生活のスケジュールに入れる**のです。勧めている方は会社を休んでその時間を取ります。カウンセリングに来られる方は有給休暇を取ったり、子どもが小さい場合は保育園に一日預けてきたりします。それくらいの心構えがなければ、時間は確保できません。

私は収納カウンセリングにお見えになる方に、「時間、労力、知恵を投資してください」と申し上げています。

雑誌にはよく〝簡単にすぐできる収納〟などと一見、玉虫色の特集がありますが、すぐできるのは整頓にすぎず、狭い範囲で考えた収納です。そのような収納は間に合わせが多いので、時間がたつとうまく機能しなくなります。そのような結果を私はたくさん見てきました。だから、「捨てる日を決めなければできない」と断言したいのです。

モノが減れば家具類も減らすことができ、当然部屋も広くなり、壁には絵画なども飾れるようになります。掃除も片付けもラクに済ませられ、時間にゆとりが生まれます。そこで、今までやりたいと思っていたこと、趣味を実行に移すことも夢ではなくなります。

片付けやすい家はいつでも人を招くことができ、気の合う友人たちとおいしいものをいただきながらたわいない話をしておおいに笑う……そのような人生の楽しみをより多くもたらしてくれるのです。

そのように自分なりの楽しみを描くことも、「捨てる」時間をつくる原動力のひとつです。

◇会社の利益もUP！　年に2回の「捨てリングの日」

個人で仕事をしている超多忙な方から、収納カウンセリングの依頼を受けました。その方の悩みは、

①小さいときから片付けが苦手。

②名刺が溜まりに溜まり、書類が増え、必要なモノが出てこない。

③このままでは、今のオフィスでは狭くなってしまう。

まとめると、この3点ということがわかりました。

この方は残念ながら、3つとも問題を完全に解決できないまま、カウンセリングを終えることになりました。それは、即収入につながる仕事が次から次へと入り、不要なモノを捨てる時間が取れなかったからです。

秘書の方もいましたが、秘書の立場では、「適材適所」に収納することはできても、捨てる判断まではできません。それは何がなんでも本人がしなければならないことです。

彼女は時間のかかる整理収納をしても、直接的な利益にはつながらないので、長い目で見た先の利益を理解できずに目先の利益を優先し続けたのです。

彼女は、ある商談に出掛けるのに必要な名刺、書類がすぐに揃わず、時間に遅れて相手の心証を害する経験もしています。万事、必要以上に時間がかかれば、それだけコストのかかる仕事をしていることになります。そればかりか、相手に不愉快な思いをさせ続けていると、今は影響がなくても、仕事が減っていくかもしれません。

広いオフィスに移るとなれば、契約金、引っ越し代、什器《じゅうき》代に加えて、今の賃貸料との差額が毎月かかり、ますます多くの仕事を引き受けなければなりません。すると、また書類が増えて、悪循環は断てません。

オフィスでは、計画的に〝捨てリング〟の日を年2回くらい設け、関係者に伝えておきます。〝捨てリング〟とは、書類をまとめるために行なう〝ファイリング〟に対して、不要な書類を捨てることです。

社員が何人もいる場合は、一斉にその日を設けたほうが効率的です。しかし、業務上、それが難しければ、社員一人ひとりの日程をずらして〝捨てリング〟を予定します。それなら、堂々と、仕事として「捨てる」時間が取れるでしょう。

しかし、それには経営者が「捨てる」必要性を理解していなければ、その時間を取ってもらえるはずがありません。そのために、捨てることがどう利益につながるかを数字で表してみましょう。

仮に年収１００万円２５０日稼働として、一人１日20分の書類探しをしているとすると、1年間に一人12万５０００円のロスを会社に与えていることになります。１００人の企業では実に年間１２５０万円のロスとなり、捨てることでそれが長い目で見た利益となるのです。つまり、一度目をつぶって目先の利益を見送れば、元は十分に取れるのです。

◇3日で効果実感！　1日15分の「捨てる習慣」

まとまった捨てる時間をスケジュールに入れるのは到底無理という人。でも捨てなければ、にっちもさっちもいかない、という場合は、１日15分を目標にして実行します。

１日30分または1時間、と言われるとイヤになりますが、15分なら誰でも集中して実行できるはずです。だいたい始めるまでは腰が重くても、いったん手をつければ知らないうちに30分、１時間と続けたくなるものです。

私が開催している整理収納講座に通ったY子さんは、１カ月後の2回目にいらっしゃったとき、なんとなくほっそりしていました。でも、とても健康そうではりきっている感じです。Y子さんがおっしゃるには、「モノのダイエットだけでなく、体のぜい肉も落ちたんです」とのことでした。

Y子さんはこれまで、家の中がスッキリしていないので、毎日仕事先から家に帰ってきても、すぐ家事をする気になれず、お茶とお菓子でやる気を出してから、夕飯の支度に取りかかる習慣ができていました。

それを、一念発起して、帰宅したらその足で「捨てる」作業を毎日15分ずつ始めました。キッチンから始めると、3日目で食事の支度がラクにできるようになったことに気づき、これは面白いと、お茶もお菓子もやめ、帰宅後すぐ「捨てる」を15分実行して、それから食事の支度に取りかかるようにしたそうです。

すると、結果として、家も自分もダイエットできたというわけです。ご本人も、「一石二鳥以上です」とおっしゃっていました。

「私は、1日15分という時間も取れない」とおっしゃる方がいれば、現状に甘んじるしかありません。

◇「範囲を小分けに、間引きする」がラクに捨てるコツ

毎回、今日はキッチンのシンクの下、明日はガス台の下、などと範囲を小さく分けて「捨てる」を実行します。

コツは、モノが中に入ったままの状態で、不要になったモノだけを間引きの要領で取り除くことです。奥のモノを取るのに手前のモノを出さなければならない場合は、出し終えたらすぐ戻します。とにかく、全部中から出して判断しないことです。

何年も出番がないのに温存していたモノを、これは要る、あれは要らない、と短時間で決断できるはずがありません。迷っている間、床にモノが出ていては、家中モノだらけで、生活に支障を来します。

この方法なら片付け中もイヤになりませんし、疲れたらすぐやめられます。

捨てたモノを家族の目に触れさせないことも必要です。せっかく決断しても、リサイクル、またはゴミに出すまで、見える状態で家に置いておくとなんだか惜しくなってきて、元の位置に戻すことになってしまうこともしばしばです。それでは、いつまでたってもモノは減りません。

また、自分はやむにやまれず捨てるのですが、整理収納をしないほかの家族はそのことをきちんと理解していません。むしろ、「好きで捨てている、もったいないことをする」と思われてしまう可能性もあります。

捨てる必要性を家族に理解してもらうのが難しそうなモノは、隠したまま処分するのが得策です。特に理解するのが無理な小さな子どもの前では、ポンポン捨てる姿は見せないほうがいいでしょう。

よく考えて決断したら、見えない場所、裏口またはベランダなどに処分する日まで置いておくか、または中身が見えないように保管してください。不燃物は、できるだけゴミ回収日に近い日に、まとめておきましょう。

「ベランダに出しておいたら、埃で汚れて、あきらめるのに好都合だった」という方もいました。それも未練を断ち切る方法のひとつかもしれません。

4章

・そんなに要らない！

場所別・モノ別
あなたの家の「必携品」リスト

ムダなモノは即処分！
プロが計算した「いくつあれば間に合うの？」

「必要量」は、こうしてはじきだす！

みんなどれくらい持っているの？　私って持ちすぎ？　あるいは平均的？　などと気になる人は多いようです。持ち物の数まで横並びに同じであれば安心、という日本人特有のくせが収納にも表れているかもしれません。本来ならば、自分が必要なモノは必要なのだからそうした質問は愚問、と言いたいところですが、気持ちはわかります。
そこで、私自身の経験とカウンセリングした方の生活から、裏づけのある適正所持数を出してみました。収納との関連も考え、場所別に記していきます。

[玄関]

傘

一人につき、長い傘と折りたたみ傘　各1本／予備として2本（来客用）

傘はたくさんあったほうが良いとばかりに、安いモノがあれば買う人がいます。しかし、そのようにして手に入れたモノには愛着がないため、どこかに忘れてきたり、粗末に扱う

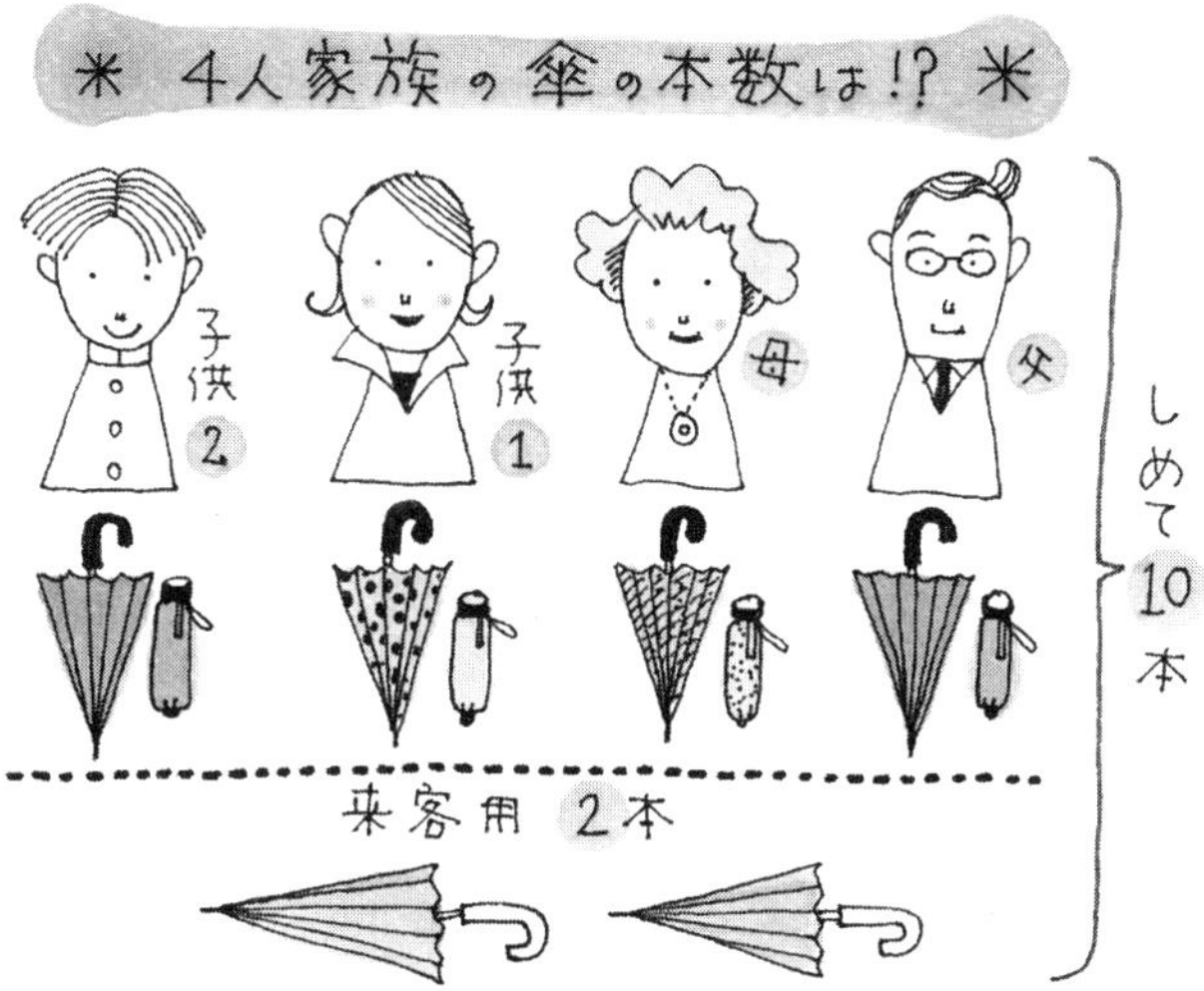
＊ 4人家族の傘の本数は!? ＊
子供2
子供1
母
父
しめて10本
来客用 2本

ことになって、ゴミを増やす結果となってしまいます。やはり、お気に入りのモノを、愛着を持って、長く使いたいものです。

ここで挙げた数より多く持っているという場合、わざわざ捨てる必要はありません。

玄関には無理なく置ける数だけ置き、あとはほかの場所、例えば廊下収納などに移します。ただし、その置き場所に傘があることを忘れないよう、扉を開けたらすぐ見える入れ方をします。なくしたり壊れたりしたら、順次そこから出して使います。

スリッパ

家族の人数＋最多来客数

自分の家には、一度に最も多くて何名の来客があるのか？　家族の人数に、その数をプラスしたモノが所持数です。

しかし、「我が家はじゅうたんだから、または床暖房だから、本当は要らないのに」と思えば、なくても全く構わないのです。

【洗面脱衣所】

タオル類（一人分）

バスタオル1枚／フェイスタオル2枚＋1枚（バスタオルが乾かないとき用）／ハンドタオル0〜使い道による枚数（例えば、運動のために歩くとき必ず持つので3枚、使うことがなければ0というように）

フェイスタオルは、クセ毛を直すのに髪を濡らすので多く使う、というケースもありますが、それを考えても、この枚数です。

バスタオルは、乾かないことを考えて枚数を多く持つと、置き場所に困ってしまいます。洗濯した日に必ず乾かしてしまう、という条件（166ページを参照）にすると1枚で済みます。乾かない場合はフェイスタオルを使います。さらに足りなくなったら、来客用を出して使えばいいのです。

参考までに、カゴに入れたり引き出しの中に収納するよりも、左ページのイラストのよ

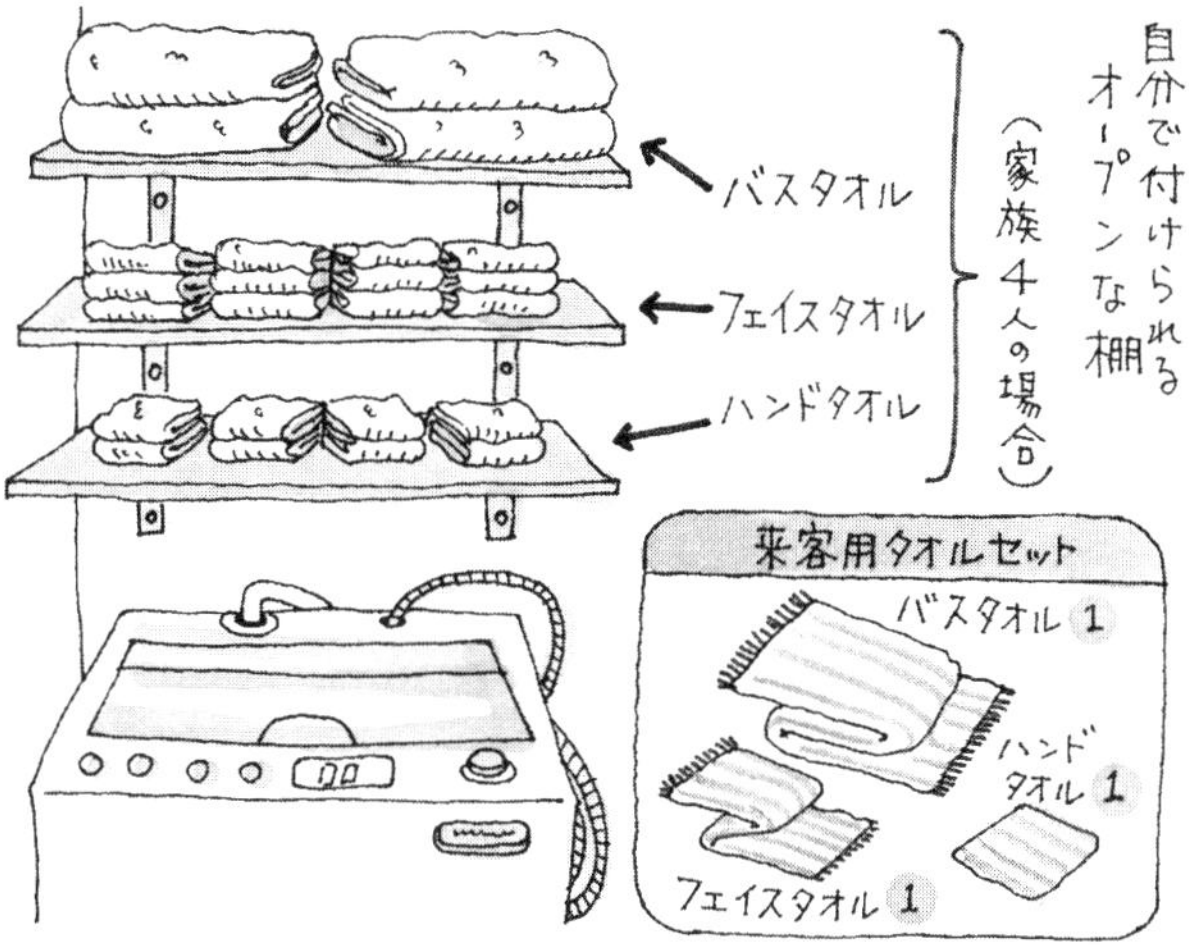
自分で付けられるオープンな棚（家族4人の場合）
バスタオル
フェイスタオル
ハンドタオル
来客用タオルセット
バスタオル 1
ハンドタオル 1
フェイスタオル 1
00

うに洗濯機の上の壁に棚をつけるとすぐ取れるので便利です。

◆「あるから使いたくなる」人間心理

我が家も子どもが中学生になった頃から、多くの枚数のタオルが必要になって増やしました。それでも足りなくなるときがあり、そのために洗濯は1回で終わりません。入れる場所もギュウギュウで、考えただけでも片付けるのがイヤになっていたものです。

そのことを母に話すと、ひとこと、「あるから使うのよ」と言われました。言われてみれば、思い当たります。子どもの使い方を見ていると、ちょっと手を拭いただけで洗濯カゴにポイ。顔をちょっと拭いてもポイと入れています。確かに、あるからそうするのです。

そこで、先に挙げた考え方で枚数を減らしました。結果、それで間に合うのです。タオルのための収納棚を買うつもりでいましたが、それも不要となりました。「多少でも濡れたモノは使いたくない」という場合は、ハンドタオルを多くします。小さいので洗濯物の量を抑えることができます。

洗濯機のおかげで、苦もなく大量のモノを洗濯できるようになりましたが、洗剤によっては、水質汚染につながっていることがあります。清潔は美徳とばかり、むやみに洗濯するのは、自分の家中のゴミを、外にポイと掃き出し、「自分だけきれいならいい」主義のような気がしてなりません。

最近は、連泊の場合、「環境のために、洗濯する必要のあるタオルだけバスタブに入れておいてください」と書いてあるホテルも増えています。とても良いことだと思います。

また、普段使いのタオルを増やさないためには、新品を下ろすときは慎重に！　です。

来客用タオル類

バスタオル1枚、フェイスタオル1枚、ハンドタオル1枚を一人分ワンセット

一度に宿泊する最多人数分のセット数（ハンドタオルは身体洗い用）を揃えます。

手拭きタオルとトイレ用タオル

各3枚。最少必要量としては2枚で間に合います。

好みの柄を楽しみたい場合、場所があればプラスするのは自由です。

シャンプー・リンス類、歯みがき、洗剤類

使用中のモノのほか、買い置き1本のみ

使いきる前にそれを買い足せばいいのです。コンビニエンスストアが近所にあり、いつも使っているモノが売られている場合は、買い置きは不要です。あと1～2回の使用で終わるというときでもすぐ手に入るからです。

これも、お店にストックしている、と考えればいいのです。保管料は無料です。

要は、なくなりそうになったとき、すぐ買えるならば0で済みますし、すぐ買えなければそれに応じて1本以上を考えます。通販、または取り寄せでしか買えないモノは、送料がかかるので、置き場所があれば、多めに持っていても構いません。

ホテルから持ち帰ったアメニティ類

一度に宿泊する来客人数分だけ取っておきます。

同じホテルに連泊すると、「これも料金のうち」とばかりに使わない分を持って帰りたくなるものです。「私もそう」とクスッと笑っている人はいませんか？

それら使いもしないモノを収納するために、収納用品を無駄に買っていることもあります。要らないモノにお金ばかりか、場所も手間も掛けています。それを考えると、持ち帰らないほうがずっと得というものです。

ちなみに私は宿泊する場合、歯ブラシは持ち歩いています。使い心地などという繊細な理由ではなく、ただゴミを増やしたくないからです。

化粧品サンプル

とにかくサンプルなので、使わなければ永遠になくなりません。旅行のとき便利と思えばその分だけ取っておき、その他はすぐ試して使いきります。もらうときに、過去の経験を思い出してみて、使わないようだったら断りましょう。

先日、化粧品を買ったら、中に何やら入っている紙袋を、「今、キャンペーンプレゼントがついています」と渡してくれました。

たとえタダでも要らないモノは要らないので、「もしも、使わないモノだったら、お返ししてもいいですか」と断りを入れて中を確認すると、私は絶対使わない芳香剤と、コットンなどの消耗品が入っています。早速、芳香剤を戻しました。

使わないモノなら、「誰かに差し上げてもいいんじゃない」と手にする人もいますが、あげるまでの間、家にあることも、場所を取って煩わしいものです。勇気を持ってその場でお断りすれば、それはすぐ使う人に渡り、そのモノも生かされます。

【キッチン】

食材の買い置きと非常食

食材の量と種類は、料理のレパートリー、家族数によって大きく違いがありますが、毎日買い物ができる場合は少なくて済むし、買い物が2日おき、3日おきと延びるにつれてストックは多くなります。

生協などに加入して週に1度や2度、一括で購入する場合は、買い置きのスペースを多めに取らなければなりません。基本的に、毎日買い物ができれば、4人家族でも、お菓子類、乾物、根菜類など口に入れるモノすべてを含め、みかん箱3個くらいまでとスペースを限定します。そのほうが乾物も風味があるうちにいただけます。

それでは、非常時に困るのでは？　と思われるかもしれませんが、常備食は非常食にはなりません。非常時には、電気などのライフラインが止まるのですから、調理ができません。非常食は非常食として3日くらい食べていける量を用意し、キッチンの食品とは関係なく、防災用品の場所に置いておきます。

非常食の種類は、水害、地震、台風、火山の噴火など、どんな災害が起こるのかで用意するモノも変わってきます。

２０００年夏の名古屋市の水害のように、一気に床上浸水になる場合を考えると、水に濡れない缶詰状でそのまま食べられるようになっているモノが必要でした。とにかく、常備食と非常食は分けて考えましょう。

家の中に食品を分散させていると、何がどれほどあるのか把握できなくなります。すべての食品を1カ所に集めていただくと、その多さに本人もビックリということが多々あります。なかには、12年前の缶詰があったケースもあります。

置いておくと熟成しておいしくなるのであればいいのですが、安定していない温度と湿度の中でおいしくなるモノはまずない、と言っていいでしょう。乾物にしても、食べ頃の商品を出荷するのですから、時間がたてばたつほど風味は落ちます。

◆食品の二重買いを防ぐ「見える収納」

なぜ、増えてしまうのか？　答えは、食べないから。食品は、何を捨てるか考えるより、捨てるモノをつくらないことが肝心です。

増えてしまう大半の理由は、収納が「見えないこと」にあります。記憶力がよく、家の中にある食品をすべて把握している人でないかぎり、見えなければあることを忘れ、二重買いをして増やしてしまいます。

収納場所がたくさんある広いキッチンの家がありました。けれどもカウンター、ダイニングテーブルの上には昨日、今日買ったと思われる食べ物がびっしり。そこで食事することはできないので、不本意ながらリビングを食卓として使っています。

キッチンの引き出しの中、扉の中を見せていただくと、なんと中はガラガラ。入れるところがあるのに出しておくのは、「食べるのを忘れてしまいそう」と思うからだそうです。

それを解消するには、棚に並べたり、食品ストッカーを用意して扉を開けただけですべてが見える状態にする、といった工夫が必要です。

次ページのイラストは、フタのないカゴに、中身のモノをすべて重ならないように立てて入れ、それをレストランの厨房でよく使われているステンレス製の棚に並べた、「見える収納」の例です。

こうすると、食品を取るときにほかの食品も見えるので、回転が良くなり、酸化して味が悪くなったモノを食べずに済みます。扉があるほうがよければ、本箱、食器棚ほどの奥行きの棚家具を、食品専用家具として使います。扉は、中が見えるガラス扉にすると、より回転が速くなります。見えても構わない場所であれば、おすすめです。

忙しい人は生鮮食品も買い置きが必要、と思ってはいませんか？　それは大きな間違いです。なぜなら、昨日買った食品を、今日、食べたい気分になるとは限らないからです。

必要なとき買いに行けないかもしれない、という理由から買い込んでしまうのなら、冷凍食品を常備したほうが、冷蔵庫が満杯にならず、ストレスも溜まりません。

冷蔵庫を満杯にすると、冷えにくく、見えにくく、取れにくいという3つの悪条件が揃い、食べられない食品をつくってしまいます。それは、無駄な電気を使うことであり、ひいては環境汚染にもつながります。

私はそのことに気づいてからは、「今日食べるモノは今日買う」ことに決め、運動も兼ねて、毎日、片道15分のスーパーまで歩いていくことにしました。

はじめの頃は、レタスを買って、いつものくせで、「あっ、キャベツもなかった」と手が出てしまいます。「いやいや待てよ、今日は使わない」と自分に言い聞かせ、食べる日にしか買わないくせをつけるのに10日くらいかかりました。

その結果、旬の新鮮なモノを安く買え、冷蔵庫はスッキリ、よく冷えて効率的な上、調味料のビン類も気持ちよく入るようになりました。しかも、野菜や魚類から季節を感じられるのは結構楽しいものです。キッチンまわりもスッキリして、お掃除もラクになります。

これまで「ラクするため」と思ってやっていたことが、逆に、捨てる食品と、片付けられない状態をつくり、掃除も億劫にしていたのです。

毎日買い物に行こうと思えば行けるという方は、だまされたと思い、「その日食べるモノしか買わない！」を10日間、運動を兼ねて実行してみてください。スーパーに行くまでのわずかな時間が、食品の維持管理のスペースと膨大な時間を減らしてくれます。

鍋類

大鍋、中鍋、小鍋、ミルクパン、平鍋、蒸し器（蒸し台があれば不要）、口の広い大鍋　各1

家族が多ければ、それぞれが大きめのモノになります。これを目安に、プラスマイナスします。一度につくる種類が多くても、火口は最大4コなのです。

口の広い大鍋は、小松菜・ほうれん草など、またパスタ類を茹《ゆ》でるのに便利です。平鍋は煮魚用です。しかし、大鍋でも落としブタを使ってできるようなら、平鍋は不要です。

フライパン類

中華鍋、厚手のフライパン、玉子焼きパン　各1

中華鍋は炒め物用と揚げ物用に使えます。深いので、油があまり外まで飛び散りません。しかし、重いので、使った後、オイルポットに移すのが大儀です。この場合、油をおたまですくって入れると、鍋を持ち上げなくても汚れずに移せます。

じっくり焼くためにはフライパンを使います。

ざる

大・中・小　各1、大の浅型1

浅型のざるは野菜類を洗ったときの水切りに便利。

ボウル

大・中・小まぜて5個

保存容器

全部合わせて、冷蔵庫に入る量

保存容器を、残り物入れとして冷蔵庫に保存する場合です。たくさん持っていても冷蔵庫に入りきれません。

保存容器は多く持てば持つほど、食べ残し、残り物を増やし、結果としてゴミを増やすことにつながります。ちなみに塩分が含まれている食べ物を燃やすとダイオキシン発生につながるそうです。

残り物を入れようとしたとき、保存容器がなければ、「足りない」と思わず、「食べ残しが冷蔵庫に溜まっている」と思ってください。そして、減らす努力をします。

これ便利デス!!
保存容器は
フタが兼用できて
重ねられるものを選びたい

イラストは、重なる保存容器です。フタが兼用できるので保管の場所を取りません。省スペースのおすすめ品です。

台ふきん

使用中の2枚のみ、ストックなし

汚れたらシンクで洗って、すぐ干します。傷んで捨てる直前に買います。

食器拭き

常時使用2枚+2枚

常に出しておくのは2枚ですが、来客などがあり、洗い物が多いときのために厚手をプラス2枚。

キッチン用の手拭き

使っている1枚＋1枚

【その他】

トイレットペーパー・ティッシュペーパー類

最大1パック

あと1箱になったときに買います。

布団カバー、シーツ類

一家族でそれぞれ予備2枚

これは、一人分に対してということではなく、一家にです。なぜなら、一度に洗濯したとしても、干す場所がないからです。また、天気の良い日にだけ洗濯するようにすれば、その日に乾いてしまい、予備は不要です。しかし、子どもが小さい、などの理由によってプラスする必要があれば増やします。

バスマット

予備は1枚

とにかく天気が良く、乾ききる日のみ洗濯するようにします。これから買うとすれば、乾きやすい素材のモノを選びます。

下着類

1種類に対して各4枚

身につけている1枚、干している1枚、ほか2枚です。少ないように思いますが、少なければ洗濯物を溜めないで済むので、逆にうまく回転して間に合います。

ただ、風邪をひいて汗をかき、夜中に何度もシャツを取り替えることがあったり、出張で何泊もするときは足りません。その分の下着は、普段の4枚とは別に予備の場所に入れます。これで、適量が保て、洗濯のサイクルを乱さないで済みます。

◆「安売りの買いだめ」は、結局ソンをする

どの家庭でも、「予備に」と買い置きしているモノは意外と多いようです。洗剤類、防虫剤、乾燥剤、ペーパー類、キッチンのラップ類……などなど。毎日ないし1日置きに買

い物に行くのに、予備をたくさん買い込みます。

「なぜ、このようにたくさん買うのですか?」と質問すると、ほとんどの方は、「安かったから」と言います。つまり、買い置きしておけば得をする、と思ってのことです。

でも、安売りは定期的に行なわれていませんか? 焦らなくてもいいのです。たとえその価格差分、得したと思っても、こんなことがあるかもしれません。

床にモノが溢れ、掃除がしにくいので埃だらけ。スッキリ片付かないためにイライラする。ある方は、家の中があまりにも汚れて、自分の手に負えず、掃除のプロに頼んでいました。これでは得するどころか、逆に損したことにはなりませんか。

もう一方の心理は、食品と同じく、今買っておけば後がラクだ、と思うことです。山の中に家があって買い物になかなか下りられないなどの場合は別として、早く買うか、遅く買うかの違いだけ。買い置きがなくても、不自由は一時です。早く買えば、邪魔で、不自由の時間が長く続くことになります。

会社の場合なら、利息のつかない在庫品のために、人と場所を多く使っていることになります。

シャンプー1本くらい、タオル1枚くらいで大げさな、と思いますが、安売りだからと買い込む性分の人は、どんなモノに対してもそうなります。「買わない」心掛けをしなければ、**住まい全体が物置き化**するのです。

◆衣類を少なくするカギは、「洗濯」にあった！

天気が悪かったり、いつもより忙しかったりすると、洗濯物が溜まり、部屋に衣類などが散乱し始めます。これらを解消するためには、洗濯物を洗ったその日に乾かし、たたんで、しまう習慣をつけることです。

そうすれば少ない枚数で間に合い、収納がとてもラクになります。その日のうちに乾燥させるためには、その家なりの乾燥システムをつくります。その方法として、

①衣類乾燥除湿機、または乾燥機を取りつけて乾かす。
②浴室の換気扇を乾燥機能付きのモノに替える（工事が必要）。
③浴室の換気扇＋扇風機の利用（下から洗濯物に風を当て、湿気を含んだ空気を換気扇で吸い込む。ＮＨＫの番組から）。

私の場合は、浴室の換気扇を乾燥機能のあるモノに替えました。洗濯機の上部に乾燥機を設置するよりも場所を取らないからです。

結果は上々。洗濯物は、雨天の日でもまず外に干します。なぜなら、洗濯物の湿度より外の湿度は低いので、その湿度差分、乾くのです。そして、仕事から戻ったらすぐ浴室に

入れ、1時間乾燥スイッチを入れると乾いてしまいます。
とにかく、その日のうちにたたんでしまうのが気楽にできるようになりました。バスタオルなど、厚手で乾きにくいモノは、薄手のモノに取り替えるのも一案です。

◆家事のリズムを崩す、天気というクセモノ

かなり前に、テレビで海外の大家族の様子を見たことがあります。どんな趣旨の番組だったか忘れましたが、覚えているのは、主婦が朝の家事を短時間で終わらせるシーンです。山のような洗濯物を手際よく洗濯乾燥機で洗濯し、そのまま乾燥させて、その場でたたみ、各部屋に片付け、後はゆったりと、ティータイムを楽しんでいるのでした。

その番組を見たのは、子どもがまだ幼稚園に上がる前だったので、その〝ゆとり〟がなんとうらやましいこと、と思っただけで、どうしたらゆとりを得られるのか？ までは考えませんでした。

収納の研究を始めて、そのことを思い出し、気づきました。それは単純なことですが、乾燥機のおかげだったのです。

天気次第で、家事のリズムが崩れることが、衣類の片付かない原因だったのです。入れ方、たたみ方だけでは解決できないことがあるのです。

実際に、「上手な洗濯」を実行されている人がいました。職場に近い都心の1LDK高級マンションに住んでいて、収納スペースは、極少。そのご夫婦は、お風呂から上がったら、洗濯乾燥機の中から下着を取りだして、身につけるのです。すごい！　じつに合理的です。おかげで、下着収納スペースはわずかで済みます。

でも、お料理はしっかり時間をかけてなさっています。そのメリハリがなんとも小気味よくて感心しました。

自分の経済事情、必要条件、価値観をしっかり把握していることが、下着の枚数に表現されているような気がしました。

以上、いろいろなモノの所持数を出しましたが、私の場合、生活で使うほとんどのモノの未使用の予備は持ちません。たとえ使用中に使い終わったとしても、なくて不自由するのは一時的で、逆にその不便さを楽しむことにしています。

たとえ使わなくても、これだけは捨てない！

モノを取っておく限界は、「スペース」または「時間」で決まります。ここで例として挙げるモノは、絶対使わないことを知っていても捨てられないモノ、つまり**「心の必需品」**と言えるモノで、限界を「スペース」で決めるモノたちです。

だから、これらのモノは「心の必需品」という認識で、場所が許されるかぎり、持っていてください。

そのうち、しまいたいモノがあっても入れ場所がなくなり、結果、片付かなくなってきたら、また今の生活が気持ちのいいものでなくなったら、その時点から捨てることを考えればいいのです。

《「もしかしてお宝？」の文化的遺産》

社会が認定した文化的遺産にかぎらず、自分にとっての文化的遺産があってもいいのではないでしょうか。温故知新と言われるように、個人にも温めておきたい、いわば、その人のルーツのようなモノがあるものです。そう思えば、捨てるばかりが能ではありません。

私は、「思い出の品」を個人的文化的遺産と呼ぶことにしています。

世間一般でいう文化的遺産は、骨董品として価値があるモノでしょうか。

価値があるモノとは、高く値がつくモノという意味だけではなく、人間がさらに文化を築く上で必要なモノと、テレビの「お宝鑑定」で評価されるようなモノがあると思います。

もし、あなたの家に世間一般の文化的遺産に該当するモノがあれば、それは無理にでも取っておく価値あり、です。

しかし、自分の手元に置ききれなければ、博物館、美術館などに寄付するか、蚤《のみ》の市などで誰かに譲って、消滅しない方法を取りましょう。

《記念になるモノ、遊び心を満たすモノ》

思い出の品は、見るだけでいろいろな想いがよみがえってくるものです。

捨てられないモノの中には、「思い出」としての認識を持って取ってあるモノと、なんとなくそこにあるという感じで残っているモノがあります。自分が、どちらの理由で取っているのかはっきりしない場合は、そのモノに対してどんなことを思い出すか、口に出して言ってみることです。

例えばある人は、中学生になったとき、親から腕時計を買ってもらったそうです。それを腕にはめたとき、「大人になったような気がしてうれしかった」と時計を見ながらおっしゃいます。このように、それを見たときに思い起こす感情を言葉で表すことができれば、そしてそのことで心が和《なご》み、とても豊かな気持ちになるモノであれば、「捨てない思い出品」の仲間です。それらが溜まりすぎて、心が和むどころか、逆に心がすさみ、貧しい気持ちになるようであれば、そのときから減らすことを考えればいいのです。

遊び心があるモノも同様、ほかの人にとってはつまらないモノでも、それを自分が見たりさわったりして楽しくなるモノは、人に迷惑が掛からないかぎり、取っておいていいのです。

《頑張った経験を思い出させる、励みになるモノ》

あるお宅には、子どものギプスが何種類かあります。不思議に思ってお聞きすると、こうおっしゃいました。

「子どもが骨折し、成長に合わせて何度か手術しました。リハビリも含めて長い入院期間がありました。そのときのギプスです。その頃、まだ下の子も1歳で、病院に通ったり、リハビリが必要な子どもを励ましたりしたときの大変さを、このギプスを見ると思い出します。それで、あのときあんなに頑張れたんだから、と自分を励ますのに取ってあるのです」

このように捨てない理由がじつに明確なモノは捨てなくてもいいのです。しかし、しまう場所がなければ、1種類までに減らしてもいいかもしれません。

《初月給で買ったスーツ》

ある28歳の青年です。初月給で買ったスーツは型が古くて着られないけれど、捨てていません。「これを見ると新鮮な気持ちになり、初心を忘れてはいけないと思うんです」とおっしゃっています。それも素敵なことです。

《子どもにまつわるモノ》

自分の子どもが、赤ちゃんの頃使っていたモノで、取っておきたいと思うモノは少なくないでしょう。でも、全部取っておくことはできないので、このように決めます。

例えば絵本なら、特にその子が好きで、何回も「読んで」とせがまれて読んであげた本、遊んでいた姿を強く思い浮かべられるオモチャ、などと限定するのです。

服もそうです。それを着ていた姿を鮮明に思い出し、懐かしく思うモノを優先して取っておきます。

《お気に入りの写真・本》

旅行に行けば写真を撮ります。それは、楽しかったことや誰といつ行ったということを忘れたくないからです。とにかく、写真に限らず、忘れてしまいたくない、忘れていてもこれを見れば思い出せる、という安心感を抱くために、人はモノを捨てないのです。

その役目を果たすなら、特に楽しかったこと、見て楽しくなるモノは大切に保管しておけばいいのです。

本も、読み返すことはゼロに等しいのに、捨てない人がたくさんいます。それも、その表紙を眺めるだけでも幸せを感じるなら、取っておいていいのです。

読んだ、という実績を忘れたくないだけなら、読んだ日、タイトル、著者名などを書き記して、処分することも可能です。

いくら思い出があるといっても、取っておく数には限界があります。捨てるべきか？　取っておくべきか？　と悩んだときは、取っておく理由を言葉にして確認してみましょう。

《聴くと胸が熱くなる音楽》

また、この曲を聴くと、あのときあの場所で抱いた感情が鮮明によみがえって、昔が偲ばれる、というのも捨てない理由でしょう。それはそれでいいのです。取っておきましょう。収納場所があるかぎり。「場所がなくても取っておきたい」と思う人は、スッキリした部屋にしたいと望まないことが必要です。

《理屈抜きに好きでたまらないモノ》

使う目的のない、誰が見ても「捨てればいいものを」と思われるモノがあります。装飾品ならわかりますが、そうでもなく、ただ邪魔なだけというモノです。

じつは、私もその類のモノを持っています。中国のお酒が入っていた壺です。我が家のどこに置いても似合わないし、場所がないことも承知でいただいてきました。理屈なしに好きなので、「捨てたくない」のです。理屈がないけど好き、という強い確信が「捨てない理由」です。そのようなモノが、1個くらいあってもいいのではないでしょうか？

《見ただけで幸せな気分になれるモノ》

ある女性誌の編集長で、とてもテキパキと仕事をする女性がいます。その方は、ぬいぐるみが大好きで、それを見るだけで、どんなに怒っているときでもフニャフニャと目尻を下げてやさしい顔になります。その種のぬいぐるみを、捨てればいいのに、と思うほどたくさん持っています。でも〝見るだけで単純に幸せになる〟は、その人にとっては、立派な「捨てない」理由です。

置くスペースと相談の上、量を決めて持っていてもいいでしょう。

「捨てない理由」をはっきり言えるモノは「捨てない」、わからないモノは「捨てる」と分けてみましょう。

もっとよく考えて！――捨てた失敗談

◇「使いまわし」がききませんか？

捨てなくても済むことがあります。

例えば、ある家では窓を出窓にリフォームしたために、前の窓で使っていた網戸が不要になりました。捨ててから、これが2階の窓と同じサイズであったことを思い出したのです。ちょうど2階の網戸が壊れかけていたので、返す返す失敗したと思ったそうです。

ほかのお宅では、お子さんが下宿から引きあげてきたときに、持ってきたクーラーが余っていました。いよいよ邪魔なので処分しようと考えました。が、今使っているクーラーよりも新しい型で、省電力タイプであるのに気づいたので、交換して古いほうを捨てました。捨てる前に気づいたので、失敗しないで済んだ例です。

このように、**使いまわす道をひと通り考えれば、失敗がなくなります。**

◇「いつか使う機会」が来るかもしれない、こんなモノ

器が好きな人は、気に入ったデザインのモノをお店で見つけるとすぐ欲しくなります。また、新しい食器がいただき物として手に入り、それが好きなデザインならすぐに下ろして使いたくなります。

しかし、新しいモノを得たことで食器棚に入りきらなくなれば、古いほうをほかの場所に移さなければなりません。その場所がなければ処分です。場所があったけれど、スッキリ暮らしたいAさんの場合は、処分しました。

しかし、子どもが一人暮らしをすることになったとき、「捨てなければよかった。食器もカーテンも使えたのに」と少し惜しく思いました。

処分するとき、「いつか」が頭をよぎります。子どもがいれば、それは「いつか」の可能性のひとつになります。Aさんの場合は、「子どもが一人暮らしをするとき」でした。見覚えがあるモノに囲まれて暮らすと、離れていても実家のことを思い出してくれるかもしれません。

しかしそれは、管理する時間とスペースがある場合のみ、と限定させていただきます。

使う機会が訪れないかもしれないのですから。

◇特別待遇したい「子どもに関するモノ」

孫に限らず、3～4歳くらいの子どもを連れての来客があったとき、オモチャが少しでもあれば、と思うことがあります。その場合を考えると、少しなら取っておいてもいいかもしれません。

それも、自分の子どもが遊んでいたオモチャの中で、非常に捨てがたいモノ、小さいモノ、と限定したほうがいいでしょう。孫ができれば、新しいきれいなモノを買ってあげたくなるものです。収納場所があったとしても、それを踏まえて取っておく量を決めましょう。

5章・増やさないテクニック

最強の敵「買いたい衝動」を撃退する！

「我慢できない」本当の理由は、
「整理収納のまずさ」にある！

「買いたいモノ」は、本当に「欲しいモノ」？

◇「つい買ってしまう」心理の裏には

これでもかこれでもかというように、次から次へと目新しいモノが目の前に差しだされると、つい何でも必要な気がしてきます。

企業はいかにモノを欲しがらせようか、財布のひもを緩めようかと、商品開発と宣伝にしのぎを削ります。それが経済活動なのでしょう。モノでも情報でも、売れれば人・金・モノが動き、経済は活性化します。

つまり、私たちは「欲しい」と思うように仕掛けられているのですから、買いたいモノがこの世にたくさんあるのは当然のことなのです。

それを考えると、これからはいっそう冷静にモノを見る目を養うことが、消費者側にとって必要です。そうすれば、目先のモノに惑わされずに、自分の価値観に相当したモノだけを買える人になると思うのです。

◇「置き場所」をイメージできないモノは、買ってはいけない！

「買いたい」と思うモノの中には、たいした意味もなく欲しいモノがあります。私もありました。

2～3年前、腰を振って踊る「踊るサンタさん」という身長40センチほどの人形を見たとき、ただただ意味もなく、「わっ、欲しい！」と思いました。

そこで買う前に考えたことは、「どこに飾ろう？」です。頭に部屋の様子を描き、「あの植物を出窓に移動して、その台に置けば邪魔にならないし、楽しそう！」と置くスペースがあることを確かめてから、買うことにしました。

ただ欲しい、というモノはまさに企業に〝仕掛けられたモノ〟と言えるでしょう。買うほうは、それに乗ったのです。それを承知で買って楽しむのもよいではありませんか。

ただ、その場合、あくまでも場所と金銭的な余裕を確認した上で、ということです。

◇「流行」よりも「自分のニーズ」――これが賢い買い物のコツ

また、新製品、通信販売のカタログなどを目にすることで、あるモノを本当に必要と思ってしまうことがあります。でも、ちょっと待ってください。今、それを見るまで、あなたは不自由していましたか？　困っていましたか？

もしも、「いや、別に」という答えなら、もう一度、気持ちを落ち着かせて、本当に必要か？　あったらどれほど役に立つのか？　などを考えてみます。

「デジタルカメラを我が家にも」と思っていた人がいます。しかし、使う目的をよく考え、思いとどまりました。その人のカメラの使い道は、アルバムに貼る写真を撮るだけ。それなら今あるカメラで十分と判断したのです。写真をパソコンに取り込んで加工したり、Eメールで送ることがなければ不要です。

今のところ、デジタルカメラでわざわざ出力するよりも、同時プリントを写真屋さんに頼んだほうが、手間もかからず価格も安いので、デジタルカメラは必要になったとき買えばいいのです。

時代遅れになったら大変、とばかり新しいモノを買う人がいます。しかし、人それぞれ、必要性、使いこなす時間があるかどうかといった条件は違うはずです。それらをよく考えてから買いましょう。

特に、パソコンなど電子関係のモノは、進歩が速く、「旬《しゅん》」が短いものです。使いたいとき、必要な機能があるモノだけを買うようにしたほうが賢いようです。

家電では、「みんなが便利よ、と言うから買ったのですが、ほとんど使いません」とおっしゃる方がよくいます。例えば食器洗い乾燥機。カウンタースペースが減って、かえって作業をしづらくしているケースもしばしばです。〝他人の便利は、私の不便〟でもあるのです。

◇ここをよく吟味しないと、買ってから必ず後悔する！

つい心が揺らぐモノに、健康に関係するモノ、痩身・ダイエット系のモノがあります。その証拠に、店頭に並ぶ雑誌のどれかに常に取り上げられているテーマです。

部屋でカンタンにできる健康器具など、広告に書かれている文章を読んだだけで、明日にでもスマートになれそうな気がしてきます。

もちろん、欲しければ買ってもいいのですが、継続して使いますか？　自問自答してみましょう。過去の自分の経験、置く場所などを思い描き、本当に必要かどうかを今一度確かめます。

これまでカウンセリングで訪れたお宅で、リビングから離れた部屋にしか置けないために、宝の持ち腐れになっているマッサージのイス、また、家に届いただけで満足してしまい、全く使わないウオーキングマシンなどを多く見てきました。買う際には、家のどこに置くのか？　いつ運動するのか？　などを考えてから決定しましょう。

本、雑誌もつい欲しくなって買います。でも、過去の経験から、読む時間があったか？を考えてみます。その時間を捻出できないようであれば、一度買うのをやめてみてください。

「収納用品」に頼る人の、こんな落とし穴

◇「あると便利」は、本当は「なくても困らない」

「あると便利」と買ったモノが、反対にあると不便になるモノに、収納用品があります。

例えば、やたらに数の多い引き出し家具、小ぎれいなプラスチックの箱などです。「これさえあれば、小物が増えてもスッキリ片付く」、または、「あれば何かを入れるのに便利そう」と、入れ物を買ってから何を入れようかと考える人に、〃あると不便〃が起こります。

これこれを入れるという目的のない入れ物も、あれば何かしらモノが収まります。その収まったモノが曲者《くせもの》。たいていはなくても困らないような、景品だったり、不要品だったりします。

「入れ物」がなければ「置き場」がないわけですから、その場で捨てたり、リサイクルに

まわそう、といった努力をする気になるので、溜めずに済むのです。

とにかく、**目的のない「入れ物は買わない、増やさない」が収納をスムーズにする大切なポイント**です。

◇「引き出しの多い家具」は、かえってモノが片づきにくい

引き出しが何段もある家具、またはトレーなどを見ると、その瞬間、「きれいに片付きそう」とすぐ買いたくなりませんか？　これもまた曲者です。

引き出しが何段もあるがゆえに脈絡なく入れてしまいがちです。そうなると、いざあの書類、あの小物と思ったとき、神経衰弱のごとく、次から次へと引き出しを開けてみなければ見つかりません。

あるオフィスの収納カウンセリングをしたときのことです。1台で60段の引き出しがあるキャビネットが2台ありました。

すべての中身を確認すると、使っていない銀行の通帳、期限切れの契約書、廃番になっているカタログなどなど……とうに捨ててもいい書類が出てきました。また、同じ引き出しに入れるべき必要書類が、いくつもの引き出しに分散されて収納されていました。

引き出しにタイトルをつけ、そこに迷わず、必ず入れることができなければ、数多い引き出しは、かえって探し物を増やし、無駄なスペースを多くするだけです。

引き出しは、奥に入っているモノもすぐ見える、取れる、というのが利点なので、重ねて収納することは禁物です。ゆえに、一列に並ぶモノ、例えばスプーン、細かい文具などを入れるのには適しています。

しかし、それ以外は、意外なようですが、引き出しはそれほど便利なモノではありませんでした。

では、何が収納しやすいのか？　それは、入れるモノに合ったサイズの棚です。

地球に引力・重力が働くかぎり、モノを置くには、平面が必要です。平面を増やす**一番効率の良い収納の形が棚です**。畳1枚にどっさり広げられたモノも幅90センチ、奥行き46センチの棚板6枚に収まるのですから。

「むやみに買う」こと、これでストップ！

◇なぜ、買っても買っても、また買いたくなるのか？

「欲しいモノは欲しい」とすぐ買ってしまう人の家は、モノが床に溢れだし、階段も獣道《けものみち》ほどの細さです。テーブルの上もモノがいっぱいで、食事のときはその都度、モノを下ろします。唯一空いている平面はベッドの上だけ、ということも現実にありました。

まさか、と思われるかもしれませんが、買いたい放題買って、捨てることを全くしなければ、60〜70平方メートルくらいの広さの家は1年でそうなります。

どうして無計画に買ってしまうのか考えてみましょう。まず考えられることは、今、自分が持っているモノに満足していないことが考えられます。目新しいモノを見つけると、また満足感を求めて買うのです。

なぜ1回で満足するモノが買えないのか？ その理由として考えられることは、自分の生活、好み、価値観などがよくわからず、モノを選ぶ基準ができていないから、と私は分析します。それが、部屋の状態になって表れているのです。「片付かない」と相談に来られる2割くらいの方が、その理由でモノを増やしています。

「私もそうかもしれない」と思ったら、荒療治のようですが、とにかく今使うモノだけを残して、処分してみるしかありません。これから何かを買うときは、不自由して困っているモノだけを買うようにします。

　すると、意外と買うモノはないはずです。不思議なことに、それは捨ててこそわかるものです。

　整理収納を実行し、部屋をスッキリさせると、頭もクリアになり、選ぶ基準がよりクリアになります。

　ある方は、**「たかが収納と思っていましたが、自分の生き方につながっていたことがよくわかりました」**とおっしゃいました。また、「今まで、ずいぶん無駄なお金と時間を使ってきたのに気づきました」とも。真の整理収納の目的を感じていただき、私としてはとてもうれしく感じました。

　無計画な買い物のもうひとつの理由として、ストレス解消があります。自分ではそれに気づきにくいものです。「私もそうかもしれない」と思ったら、ストレスは何か？　取り

アレッ!? 私、ケリーバッグ買おうとしてる!? だって色は、違うけどすでに持ってるじゃない!! ど〜して!?

今日、会社で嫌なことあって……

私は中間管理職。上司と部下の板バサミになって……

それを解消するには、え〜と……

おっお客さま?


除くにはどうすればいいのか？　を考え、解消する道を探ります。そうしなければ、今のストレスに、買ってはいけない、という新たなストレスが加わり、もっと辛くなります。

　また、生き方の無計画さも、買い物につながっているような気がします。この場合も、本人が気づくか、誰かが気づかせなければ、買い物は止まらず、スッキリ片付いた部屋になることはありません。

　片付けることを考える前に、これら〝無計画な買い物〟をしてしまう原因を取り除くことが、肝心なのです。

　言い方を変えれば、〝無計画な買い物をしない人〟は生き方、自分の収入、価値観をはっきり自覚している、と言えるでしょう。

◇「捨てるに捨てられないモノ」をつくってしまう買い物失敗例

10足がちょうどぴったり入る靴箱にもう1足入れたら、完全に重なってしまうか、どれかを横に倒さなければなりません。「そこを工夫するのが収納テクニックでは」と思っている方は多いでしょう。確かにそのテクニックは、あります。次ページのイラストのような小道具を使うことです。

これで一応は収まります。しかし、私も収納の研究を始めた頃に使ってみましたが、いくら使用頻度が低い靴でも、出し入れが面倒で時間がかかるのが不便です。結局、素直に棚に置くのが一番、ということを悟りました。

自分のTPOを考えて、必要最小限の種類と数を揃え、そのスペースを確保したら、「1足買ったら、1足捨てる」を徹底します。数が少なければ、履き尽くし、必然的に捨てることになります。捨てれば、その場所が空き、買ってもいいことになります。

私の場合、それはわかっているのに古いほうを捨てられなかったことがあります。サンダルでした。新しいモノを買ったのですが、どうも履き心地が良くないのです。でもデザインが気に入っているので、歩く時間が短ければ履きたくもあり、捨てる勇気も出ません。

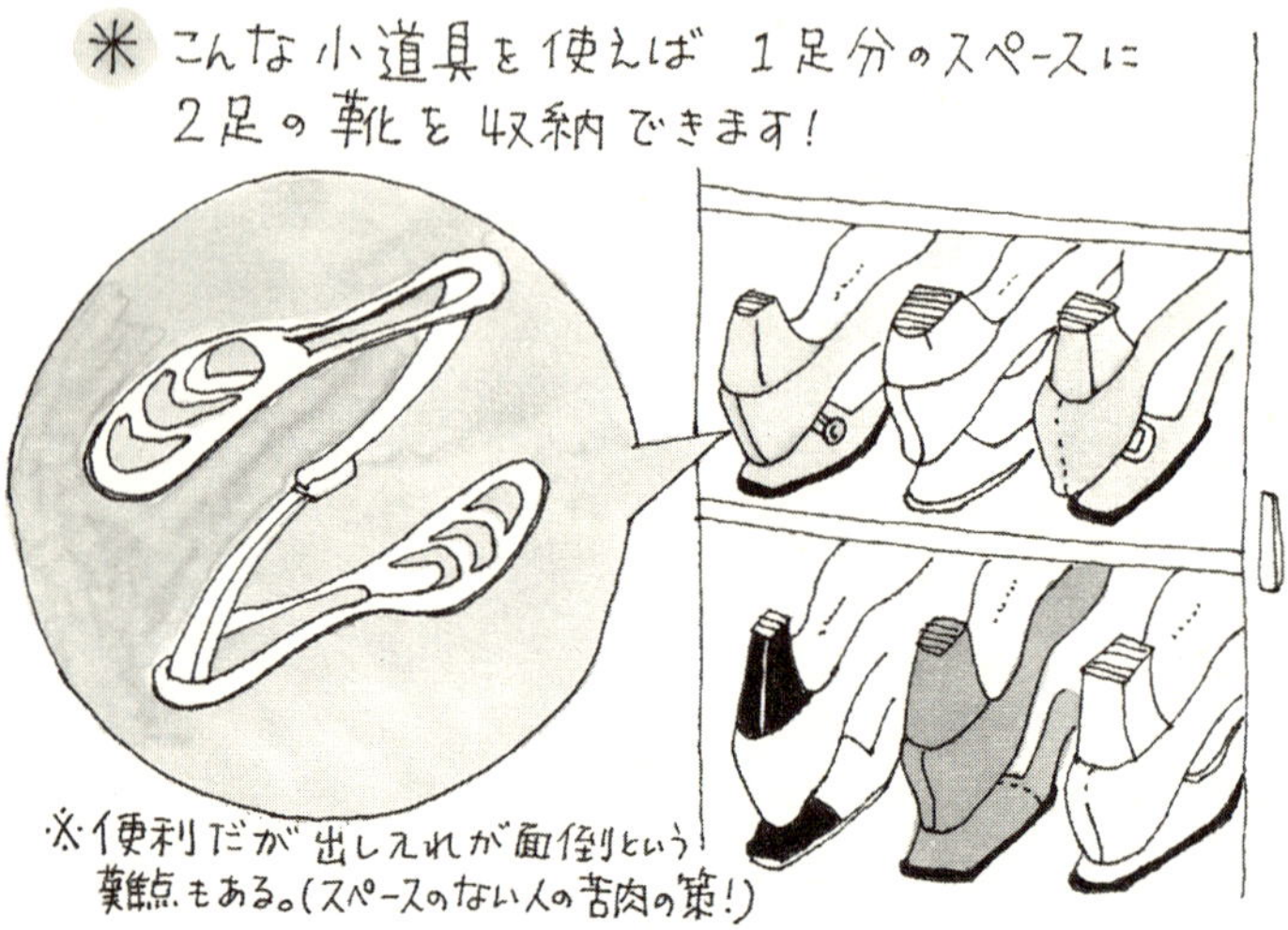
※こんな小道具を使えば 1足分のスペースに
2足の靴を収納できます!
※便利だが出し入れが面倒という
難点もある。(スペースのない人の苦肉の策!)

古いほうは、飽きたけれど足にぴったりなので、長い時間歩くにはまだ必要です。

結局、不本意ながら重ねて入れています。

そもそも、この原因は、時間がなくてあまり吟味しないで買ったことにあります。こうした時間制限のある買い物も、モノを増やす大きな原因です。

そこで教訓!

「時間が十分にないときの買い物は、衝動買いに匹敵する」を心に留めておきましょう。

◇服は「流行」と「定番」を意識して買い足す

服も「1枚買ったら、1枚捨てる」。今述べたとおりです。そのためには、「着尽くす、着古す」必要があります。でもどうしたら、それができるのでしょうか？ それには、いい方法があります。

1 目に入りやすい収納にします。次えば、次ページのイラストのように、たたむ服は引き出しではなく棚に置けば、よく着る服、着ない服がひと目でわかります。だから、棚が一杯になったとき、これは着ないと判断しやすく、捨てやすいのです。

2 出し入れしやすい収納にし、スムーズに取り出せる快適さを知ります。そうすれば、適量オーバーの際の不便さがイヤになり、「1着買ったら、1着捨てる」気になるものです。

たとえ収納スペースが少なくても、流行は追いたいものです。それには、流行モノ、定番モノというように、選ぶときに意識して買いましょう。

流行はだいたい3年くらいは同じ流れが続くようです。その間、流行のモノを買ったらおおいに着て楽しみます。3年くらい頻繁に着れば、次の流行モノが出る頃には、傷んだ

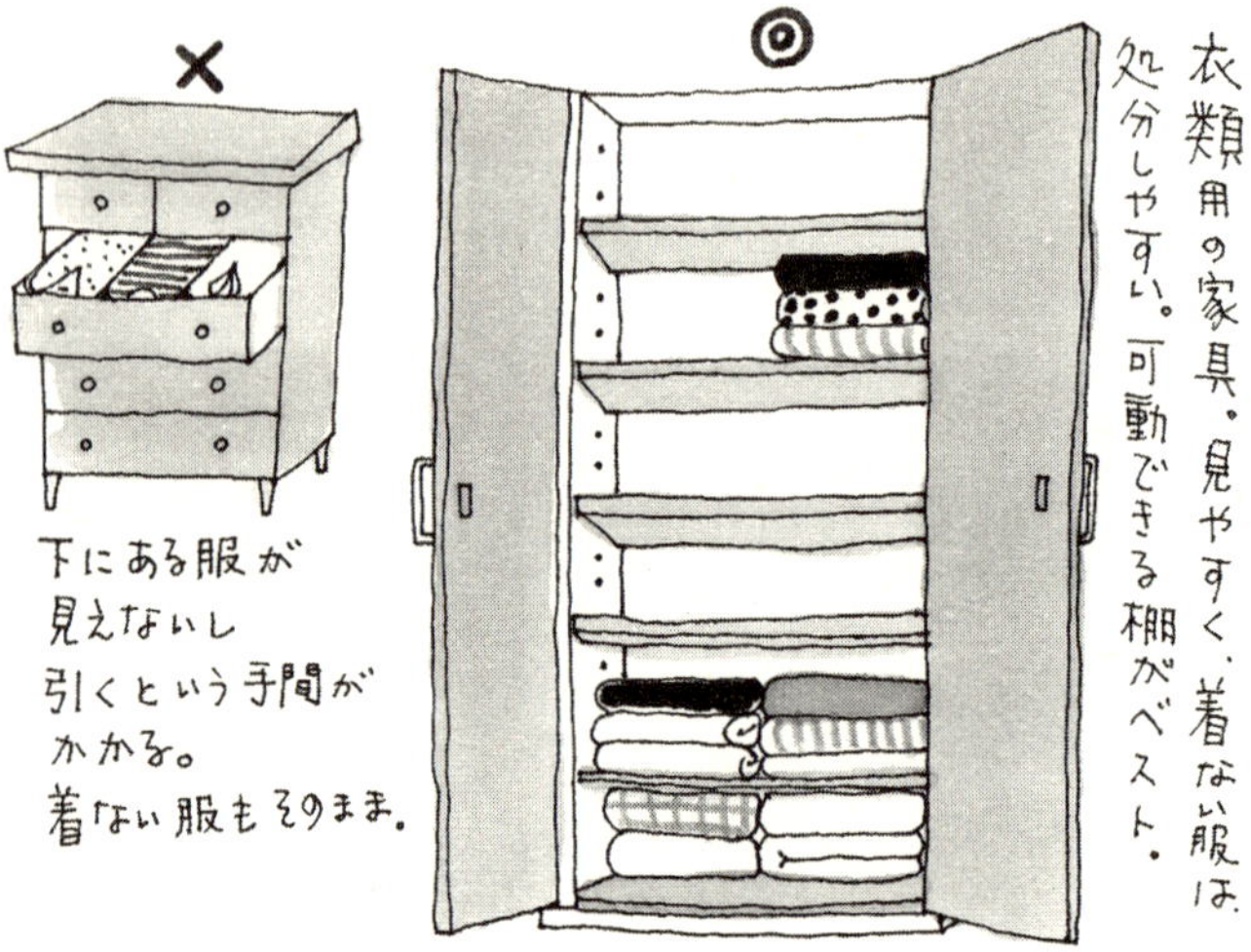
衣類用の家具。見やすく、着ない服は
処分しやすい。可動できる棚がベスト。
×
下にある服が
見えないし
引くという手間が
かかる。
着ない服もそのまま。
◎

り、シミが落ちなかったりして捨てやすくなります。ゆえに、次の流行のモノを買っても、増えずに済みます。

枚数を増やすより、流行モノと定番モノを上手に組み合わせるセンスを磨けば、「買いたい！」欲望と闘う必要がなくなります。

◇「迷うモノは買わない」が鉄則

今の生活で不自由していなければ、その場で買わなければ後悔するモノはまずない、と思っていいでしょう。

30人の方に買わずに後悔したモノについての質問をしてきましたが、7割の方が「う〜ん、あると思います」との答えです。では、今までの経験でそれは何でしたか？　と質問すると、「何だったかしら？」とはっきり思い出せない様子です。

それでわかったことは、そのときは、「失敗した。やっぱり買っておけばよかった」と思うモノも、ほとぼりが冷めたら忘れているということになります。今でも不自由していたり、困っていたりしたら、はっきり答えられるはずです。

あると答えた一人。「パーティー用のバッグを買いに行ったとき、買おうかしらと思ったモノがあったけれど、いや、もっと気に入ったモノが見つかるかもしれないと思い、そこでは買わなかった。でも、ほかを見ても特に気に入ったモノがなく、前の気に入ったモノがあった売り場に戻る時間もないので、妥協してその場にあった違うモノを買ってしまった」と。

それは誰にでもよくあること。ただ、どちらを買ったにしても、バッグは増えたのですから、余計なモノは買わない、とはちょっと違います。

また、ほかの方は、「海外でいい骨董品を見つけたけれど、本物かしらと判断できなくて買いませんでした」。これもよくあることです。それは仕方ありません。そのとき決断するだけの知識がなかったのですから。そう思って、あきらめるしかありません。

もしもそのときに買って、後から「偽物」とわかったとしたら、そのほうがずっと悔しい思いをすることでしょう。買わなくてよかったのです。

また、ある方は、「以前の私は、結構未練たらしいことを言っていたような気がします。でも、モノが多い辛さ、少ない快適さを知ってからは、あのとき買わなくてよかった、と逆に思うことのほうが多くなりました」とおっしゃっています。

先のアンケートでも、時間がたてば「何だったかしら?」と思うのですから、すぐ決められないモノは、買わなくても問題なさそうです。

「買っておけばよかった」と思うモノは、買いそびれた当たり馬券くらいでしょう。

◇片づけがラクチン！　だから「これ以上モノを増やしたくない」と思える

モノが少なくなると、使う場所に使いたいモノを置くことができ、鼻歌まじりで片付けられるようになります。そのため、モノを増やすことにつながる「買いたい欲望」が減少します。

今まで20歩も30歩も歩かなければ使ったモノを戻せなかったのが、わずか2〜3歩で戻せるようになると、もうこれは快感です。それを実感すると、置き場所がなければ、モノを買ったり増やしたりしたくなくなります。

「適材適所にモノが収まっている」とは、ひとつの席に一人が座っている状態ですから、

『1つのモノに1つの席』
が原則!!
無理に詰め込めば、
片付けるのも
ままならない!!

立ったり座ったりもスムーズです。

それが、席を増やさずに二人座ろうとすれば、当然狭くてギュウギュウになり、出しづらく、入れづらくなることはたやすく想像がつくはずです。それがわかれば「買わない」と決めることができるのです。

席を別の場所に増やす方法もありますが、そこが暗かったり、しゃがまないと出し入れできない位置であると、使った後、戻すのが億劫になります。階段下の奥まったスペースがぐちゃぐちゃで効率よく使われていないのは、そういった理由です。

使いやすい収納を経験すれば、スペースがあっても、そこが出し入れしづらければ使えないことが想像できます。それがむやみに「買う」ことをセーブします。

モノがすぐ片付く快感は、**〝掃除がラク〟**にもつながります。床にモノが多くあると、掃除機をかけるときにそれらを移動しながらとなるので、考えただけでも疲れてしまい、やりたくありません。

しかし、床にモノを置いていなければ、流れるように掃除機を動かせ、四角い部屋をきちんと四角に掃除することができます。この爽快感を味わえば、モノを増やす気にはなりません。

さて、この快感は、ただ捨てれば得られる、というものではは当然ありません。捨てた後の維持管理が必要になります。その具体的な方法と手順は、次の6章で述べたいと思います。

捨てた人の「天国」、捨てない人の「地獄」

◇人目につくところはキレイでも、奥は物置き状態になる理由

エントランスのしゃれたマンションの、あるお宅のドアを開けると、そこには、美しい奥様がにこやかに立っています。廊下には絵画が数点飾られ、コンソールテーブルには、きれいに花も置かれています。

ところが、廊下を通り、リビングダイニングルームに入ると、そこまでのセンスの良さとかけ離れた雑然とした部屋がありました。

本箱、サイドボード、食器棚、タンス、ピアノ。その他、ダイニングテーブルセット、テレビ、ソファ、サイドテーブル、キャスター付きのワゴンが所狭しと置いてあります。その他、カバーに隠れてはいますが、ピアノの下も物置き状態です。

背の高い家具が多く、圧迫感があり、息苦しく感じます。なんといっても不自然なのは、

リビングにタンスがあることです。また、ご本人も何が入っているのか忘れた、というダンボール箱が数個、壁際に積み重なっています。

そうなっているそもそもの理由は、社会人になって、いったん家から出た息子さんが、転勤で戻ってきたからです。

そのためにひと部屋空けなくてはならなくなり、その部屋にあったタンス、ダンボール箱をほかに置ける部屋がないので、やむを得ずリビングに持ってきたというわけです。

「息子は、部屋代を入れるから部屋を使わせてほしいと言い、同意した上で引っ越してきたので、息子の部屋にこれらは置けません」とおっしゃいます。ということは、はみ出したモノはトランクルームなどに入れないかぎり、片付くはずがありません。

トランクルームを使わないのは、会社で言えば経費節減です。しかし、そのためにオフィスが狭くなり、仕事の効率が落ちます。仕事の効率の良さは、住まいでは居心地の良さに相当します。

居心地の良さを得たいと思えば、トランクルームに入れるか、捨てるか、どちらかの選択です。

捨てなくても何か良い方法があるのでは？　と思いたいところですが、残念ながらありません。何回も言うようですが、家の中でモノをタテにしてもヨコにしても移動しても、体積は変わらないのです。

捨てられなければ、トランクルームを借りることになります。その場合、毎月ある程度の料金を払ってまで取っておく価値のあるモノかどうか？　と考えます。

「いつか使うかもしれない」と思うモノを処分したとしても、もしも使うときがあったとすれば、払わなくて済んだトランクルーム料で買うことができます。そう考えれば、お金では買えない〝思い出の品〟を除き、処分も可能です。

「リビングにタンスはあまりにも格好が悪いので、友達を招く気になれません」とおっしゃっていた奥様は、私の提案をよく納得され、捨てることを決断されました。実行開始です。

◇気づかないうちにモノを〝死蔵〟しやすい、こんな場所

まず、タンスとチェストの中身のチェックです。前にソファが置いてあるので、タンスの前に立って、扉、引き出しを引くのは困難です。それを見ただけで、たぶん、その中にはなくても困らないモノが入っている、と推測されます。

タンスの中身はそのとおりで、まだ着ようと思えば着られる服、けれども、少なからず

流行遅れと思える服でした。ご本人も、それらの服を着ることはなく、新しい服を買っています、とおっしゃいます。

外出着は、まだ着られても、なんとなく流行遅れと感じたモノは、ほとんど出番がないものです。それを認識されて、服を処分することにしました。

チェストの中身も、見るまでは忘れていた化粧ポーチや、いただき物のお財布や小物です。確かに一つひとつ見れば、まだ十分に使えるモノです。しかし、なくても全く不自由はありません。逆に、それらがあることが不自由なのです。したがって、彼女は断腸の思いで処分しました。

モノがある不自由とは、まさにこのことです。中に入っていた服も、小物もなくなれば、場所を取っていたタンスもチェストも不要です。

また、布をかぶせたワゴンが通路にあります。中身は使いきれないほどの、いただき物のタオルが入った箱で一杯。モノが増えたからワゴンを買い、中が見えると、美しくないからそこにカバーを掛ける。よくあるケースです。

洗面所の物入れにも、使いきれないほどのタオルがあります。そこで、古いタオルを処分して、いただき物のタオルを出して使うことにしました。結果、ワゴンも空となり、不要です。きれいなタオルに替えることで、バスタイムも楽しくなるものです。残った分はリサイクルです。

これでタンスとチェストとワゴンが部屋から消えます。まさに**〝モノがある不自由〟から解放され、〝モノがない自由〟になった**のです。

ほかの部屋からも不要品が山のように出ることになったので、リサイクル業者にトラックで引き取りに来てもらいました。

住まいの近くのリサイクル業者を見つける。それも整理収納の仕事のうちです。結果、リビングは一気に広くなりました。モノをなくすことで、それまで隠れていた壁も見えるようになりました。

好きで集めた絵画も飾れるようになり、地震のときにモノが崩れて起こる事故の心配もなくなって、リビングとしてのくつろげる機能を取り戻しました。

◇〝適度な空間〟をつくると、インテリアが映える！

家具を買う場合、ガラス扉のものにするか、中身の見えない透けない扉のものにするか迷うことがあります。

ガラス扉は奥行きが感じられ、圧迫感もないので、その分、部屋が広く感じられます。

しかし、入れ方として、詰め込みは禁物。きれいに見せるには、適度な空間が必要です。

また、リビングに壁面収納家具を取り付ける場合も、天井までの高さのものをつくると収納量は増えますが、圧迫感があって部屋が狭く感じられます。

天井に届くような高い位置にある収納スペースを有効に使っている家を、ほとんど見たことがありません。踏み台を持ってきて上がって取るのは、結構面倒だからです。人はとにかく手間のかかることはしたくないものです。

収納スペースがそこにしか取れない場合、面倒に思わないで必ずそこに戻せる、という〝勤勉〟な人でないかぎり、**出し入れしづらい収納スペースは有効には使えない**と考えましょう。

「でも、要らないモノを入れるのに便利でしょう」とおっしゃる方、要らないモノは要らないのではありませんか？　要らないモノに空間とお金を使うことはないと思います。

◇「見える収納」と「見せる収納」の上手な使い分け

私は「見える収納」と「見せる収納」を分けて考えています。

「見える収納」は、頻繁に使うモノ、または、見えていなければ忘れそうになってしまうモノの収納法です。つまり、本当は見せたくないけれど、見えるところに置かざるを得ない収納です。

「見せる収納」は、見せる、飾るを優先した収納法です。この使い分けをはっきりさせなければ、きれいに飾ったつもりなのに、ちっとも美しくないことになってしまいます。

インテリアの映える部屋にするには、適度な空間が必要です。一般的に、飾り棚の中に入れるモノの量は、その容積の70パーセント以下に抑えると、きれいに見せやすいようです。

私は、空間もインテリアの大切なパーツのひとつと考えることにしています。

我が家はインテリア雑誌に出ているような素敵な部屋にすることはしょせん不可能、とあきらめていた人も、モノを少なくすることを実行してみてください。思い描いたとおりの部屋になる可能性が生まれます。その証拠に、インテリア雑誌で見る部屋はモノが少ないではありませんか。

しかしながら、快適なインテリアに囲まれたくつろげる部屋と、たくさんのモノを持っているという満足感、どちらに重きを置くかは人によって違います。

モノが多くても、自分で困らないかぎり、またモノが多いことで自分以外の人に不愉快な気持ちを与えないかぎり、私はどちらでも良いと考えます。

ただ覚えておきたいことは、モノが多ければインテリアをスッキリさせることが難しく、モノが少なければ、特別な技術がなくても、快適な空間を演出することが可能ということです。

自分の部屋でのモノの量とインテリアの関係を考えた上で、捨てる？　捨てない？　を判断してみてください。

◇「掃除機を置く位置」を変えるだけで、もっとマメに掃除ができる！

自宅でピアノを教えているEさんは、人の出入りが頻繁なので毎日掃除したい気持ちはあるのですが、掃除機を出すのが面倒なのでやりません。狭苦しい階段下の物入れからそれを出すことを考えると、やる気がなくなってしまうのです。

そのほか、掃除機の前には、掃除用洗剤のボトル、トイレットペーパーの買い置きなどがあり、出し入れのたびにそれらが倒れてスムーズにいかないからです。それが、心理的に掃除を嫌いにしていました。

「どうして掃除が嫌いだったのか、言われて初めて気づきました」と言うEさんは、これらのモノを別の場所に移動しようと考えました。が、洗面台の下も、トイレの収納も満杯で移せません。だからこそ、中途半端な入れ方をしていたのですが。

洗面台の下のモノを点検すると、何年も使っていない埃まみれの、まるでプロが使うようなさまざまな洗剤や洗濯のりのボトル、なくても困らない足拭きマットの予備、ホテルから持ってきた1回使いきりの小分けのシャンプーや石鹸、壊れかけた物干し道具、古いドライヤーなどが入っています。使っているのは、手前に置いてあるわずかなモノでした。

使う、とはっきりしているモノだけを残し、ほかをすべて取り除くと、半分以上のスペースが空になります。階段下にあった掃除洗剤、トイレットペーパーをそこに入れると、ラクラク入ってしまいます。

Eさんは、住まいをきれいにしたいという気持ちから、次々とさまざまな洗剤を買い置きしていました。しかし、実際に使う時間や気力を持てないまま数年たちました。処分するか否かは、これから心機一転してプロのような拭き掃除ができるか否か？　で決まります。

Eさんは、プロのような掃除はあきらめました。万が一、その元気が出たときは、使う種類の洗剤だけ買えばいい、と決めたのです。たったそれだけのことで、掃除機がスムーズに出せ、気楽に掃除ができるようになりました。

毎日掃除ができると、埃が床に溜まらないので、家具の上、棚などに埃がつきにくくなります。こうして、たった一部分のモノを捨てるだけで、気分が良くなり、心にも埃が溜まらなくなったのです。

◇まだ使える家具も大胆に処分すべきとき

家庭に普及したノートパソコン。コンパクトなので使用後にどこにでも片付けられそうな気がしますが、使う場所と置き場所が遠いと、案外片付けられないものです。

書斎がある家でも、よくダイニングテーブルで広げています。あまり神経を使わない仕事なら、閉じこもるより、なんとなく皆がいる部屋でやりたいからです。その場合、使用後、フタを閉じて、水平にしたまま少しずらすだけで片付けられたらいいと思いませんか？　捨てて、それを可能にした例があります。

パソコンを使うテーブルの横にサイドボードがありました。そこが、使用後に一番置きやすい位置です。しかしサイドボードの扉が邪魔です。そこに入っている食器はよく見ると使わないモノばかり。引き出しの中も、何が入っているのか思い出せません。

それならばと、思いきってサイドボードと中身の食器を処分して、代わりに扉のない書棚を置きました。そして、その一段をパソコン置き場にしたのです。

サイドボードは自治体のリサイクルセンターに持っていき、食器はフリーマーケットで売りました。揃っていなくても売れたということです。

結果、パソコンを使いたいと思ったとき、すぐ始められるようになりました。

まだ使える家具を処分するのは辛いものですが、自分のやりたいことをするか？　不便を我慢するか？　を秤《はかり》にかけ、前者優先と決めたら、捨てる辛さに打ち勝つしかありません。

◇「やりたいことのための時間」を持てる人、持てない人

Iさんは、自宅で算数教室を開いています。収納カウンセリングを受けていただいた成果があり、暮らしやすい住まいになりました。

モノを減らさなければ、物理的に「適材適所」に配置できないことをすぐ理解されて、実行しました。動線がスムーズになるように家具の配置換えもしました。入れ物として適切な家具を用意しなければ、重なって出し入れがしづらいことも納得され、自分で組み立てられる材料でぴったりの家具も用意されました。

すべて思惑どおり片付く住まいになったのですが、教室にしている部屋と玄関だけは、

まだ床に箱が積み重なった状態になっています。内容をお聞きすると、定期的に届く印刷物、テキスト類でした。それは配ってしまえばなくなる、とおっしゃいます。でもまた、違う種類の箱が届きます。

つまり、常時あるわけではないけれど、1年のうち半分以上の期間に、何かしら印刷物の箱があるのです。

よく、キッチンのテーブルの脚もとに、いただき物の食品のダンボール箱などがあるようにです。

1年のうちで1カ月間くらいなら、我慢してもいいと思います。しかし、半年以上となると、これはもう、モノに対する「家」を設けなくてはなりません。

Iさんは「そうですよね」と納得したのですが、入れる場所がありません。そこで、さらなる**「モノ減らし大作戦」**の開始です。

ダンボールの中身は教室で配るのですから、その部屋に収納すべきです。その部屋には一間の物入れがありました。その中には、K子さんの昔の趣味のフラワーアレンジメントの材料と作品のお花がかなりの場所を占めて入っています。

そこで、「今この趣味はしていないのに、なぜまだ持っているのですか?」とお聞きすると、「こんなことがもっと上手にできたらすごいと思って」という答えです。

私は言いました。「えっ、今だって素晴らしいではありませんか。子どもに勉強を教えていらっしゃるではありませんか」と。

また、これからゆとりの時間ができたら何をしたいのか？　とお聞きすると、小さい頃やっていたピアノを習い始めて、楽しいから続けるつもり、との答え。やりたいことは明確でした。フラワーアレンジメントを続けることは口から出ません。

自分に自信を持っていただき、やりたいことを再確認していただいたことと、もし前の趣味が万が一復活することになっても、必要なモノはそのとき買えばいい、と気づかれたことで、場所を取っていたフラワーアレンジメントの材料はバザー行きとなりました。その空いたスペースを、印刷物の「家」として確保です。これで玄関に箱がドンと積まれることもなくなり、教室で生徒さんたちが箱につまずくこともなくなりました。

家中のぜい肉を取った結果、使ったモノすべてをすぐ戻せるようになり、家事の時間が大幅に減りました。その結果、趣味のピアノを楽しむ時間もたっぷり取れるようになりました。

◇最後まで「捨てなかった人」の悲惨な暮らし

千葉県のKさん宅は、5LDKの広いお住まいです。8歳、5歳、3歳のお子さんがいます。ただでさえ、毎日、目がまわるほどの忙しさ。カウンセリングを受けたいという動機は、「家事と子どもの世話をきちんとしたい」というものでした。

お宅に伺うと、玄関からしてモノが多い、という感じです。

リビングの隣の和室には、2～3日分はあると思われる取り込んだ洗濯物の山が。それに混じって、オモチャも顔をのぞかせています。ほかの部屋も同じく、床がかろうじて見える程度です。

お話をよくお聞きすると、こうおっしゃいます。「ひとつずつこれをやった、例えば、洗濯物をたたんでタンスに入れた、ここを掃除し終わったということがなく、ただただ時間に追われ、1日が過ぎてしまいます。実は、片付かないために満足に食事もつくれない状態で、子どもがかわいそうです」と。

私自身にもそういう経験があります。それは体調を崩したときでした。子どもがいると一つひとつをこなし終わらないうちに、次にする仕事が出てきます。まるで、掃除、洗濯と仕事がベルトコンベヤーに乗ってまわってくるかのようです。

順次こなしていかなければ、仕事が溜まり、誤作動を始め、仕事は必要以上に複雑化してしまいます。まさにその状態でした。

Kさんは、なぜ片付けができないのか？

まず挙げられることは、収納スペースが押し入れしかないことです。そこに、プラスチックの収納引き出しが目一杯、収まっていますが、襖《ふすま》を開けて引き出しを引く、そして取る、はKさんにとっては手間のかかる無理な収納なのです。だから、洗濯した衣類を片付けられないでいるのです。また、たとえ、たたむまではできたとしても、収納引き出しは、満杯で入りません。

収納スペースが足りないのかしら、と各部屋を見せていただきましたが、生活、家族構成から推測しても、決して収納スペースが足りないとは考えられません。

とにかく、何でも必要以上にあるのが原因とわかりました。

買うだけ買って食べない乾物。すでにサイズが小さくなっている予備に買った新品の子どもの下着や靴下。ビニールの袋に入ったままの景品。絶対に履けないと思われる、くたびれた靴。埃にまみれた動かない時計。用が済んでいる幼稚園からのお便りなどなど……。

とにかく捨てられないのです。

その結果が、使うたびに戻す位置が変わったり、なくし物をしたりする、掃除もままならなくなって、埃と垢《あか》にまみれた住まいにしています。

また、家事の流れを止めてしまうことで、子どものお話を聞いている気持ちのゆとりがなくなり、それを埋めるためにテレビとかビデオを見せっぱなしにしています。

床を拭くことができないので、キッチンは特に臭っています。モノをちょっとどけると、ゴキブリが慌てて逃げだす始末。

「いやはや」とお思いでしょうが、家事の流れが止まると、どの家にでもすぐ起こり得る現象です。このお宅のお子さんの一人は、喘息を持っているので、これは好ましい状態ではありません。

その方に接していて気づいたことは、〝情け深く、やさしい性格〟だということです。だから、なおのこと捨てられないということもあるのでしょう。

それはそれでいいことなのですが、〝不要なモノ〟と〝大切な家族、かわいい子ども〟のどちらが大切なのでしょうか？　不要なモノに情けをかける前に、家族に愛情をかけるべきではないでしょうか。

それを考えていただきたかったのですが、「わかりました」とおっしゃるだけで、何ひとつ処分の実行ができません。日々の生活に精一杯で、その時間が取れない、とおっしゃいます。

このように、通常の生活から時間を捻出することなどなかなかできない、ということがよくあります。その場合は、子どもを一時的に誰かに見てもらってでも、捨てる見極めの時間をつくらなければなりません。そうしなければ、片付かない地獄から這《は》い上がることはできません。

他人でも、要・不要のおよその見分けはつきますが、もしも思いが込められていて、捨ててはいけないモノがあったりすると危険です。

これは捨てる、と本人が決断さえできれば、ゴミに出す、リサイクルショップに運ぶなどは、他人に任せることができます。

頭でわかっていても捨てられなければ、次なる解決方法は、入りきれない、はみ出したモノの収納スペースを新しく設けることです。

それには、家具を用意するか、リフォームが必要です。しかし、家具を置くにしても、何も置いていない壁面が必要です（図書館のように、家具と家具を背中合わせに置ける広い部屋ならできますが）。

こちらの住まいは、どの部屋も大きな窓があり、壁際にはすでに家具が置いてありました。

モノを捨てることも、収納スペースを増やすことも、増築することもできなければ、物理的に八方塞がりで現状は変わりません。

小さいお子さんがいても、今は自治体の一時保育制度もありますし、ベビーシッターを頼むこともできます。

そこまでする気にならないということは、現状に甘んじてもいい、という答えを出したことになります。たとえ気になっても実行しないのは、口で言うほどストレスはないのかもしれません。

同じ片付けにしても、部屋の片隅にモノを寄せるだけで「片付けた」と思う人と、きちんと元の場所に戻し、さらに曲がらずまっすぐに置いて、ようやく「片付けた」と満足する人がいるように、片付いているという感覚には個人差があります。

大げさに言えば、「だらしなくても平気」というタイプの人は、処方箋が出ても実行に移すことをしません。クスリをもらっても、真面目に飲まないようにです。

Kさんの場合は、後者のタイプでした。Kさんは、さらに、もっと、どうにも我慢できなくなったとき、やっと重い腰を上げることでしょう。

大幅サイズダウンで快適生活をゲット！
――私の「引っ越し体験記」

◇家のコンパクト化で、「職・住近接」を実現

これは自分自身の経験ですが、モノを処分することで、念願の「職・住近接」を可能にしました。なぜ念願だったかと言いますと、会社が家から遠いと日中しかできない家事ができません。例えば、布団を干す、夕飯用の煮物をする、などです。

そこで、事務所のそばに引っ越しすることを考えました。そこはかなり狭く、服のサイズで言えば、13号から5号くらいにサイズダウンしなければ住むことができません。しかし、そこにモノが収まれば念願が叶うはずです。

そこで、「モノ減らし大作戦」です。

図面で収納スペースが測れるので、これしか入らないという量がわかります。その量までサイズダウンできるか否かで、引っ越しができる、できない、が決まります。

まず、家の中に収納されているモノの点検です。処分するモノの目星をつけるだけで、実際にモノを出すのは、引っ越しのときです。理由は、判断には時間と精神力が要求されるので、モノを出しながら判断していると、家の中は長期間、引っ越し最中の状態になってしまい、生活できなくなってしまうからです。

◇〈押し入れの中〉「手が届かない場所」に、不要品がたまりやすい！

点検すると、目が届く場所には不要なモノはありませんでした。しかし、日常生活に差し障《さわ》りのない押し入れの天袋からは、今となっては不要なモノが次から次へと出てくるではありませんか。押し入れが3カ所あったので、結構な量になりました。

子どもが小学生の頃から入居していた家なので、その当時使っていたスポーツ用具、本などがまだ多くありました。子どもの所有物は社会人になっている子どもに判断させて引き取らせました。引き取らないモノの一部、例えば絵、作文などは、私の思い出として取っておくことにしました。

そのほか、出てきたモノは、壁紙の残り、飾り物などなど。置けるスペースがあると、不要品かどうかがわからなくなるものです。

◇〈タンス類の中〉〝省スペース〟で、効率的な収納法へチェンジ

整理ダンスの中身も、点検すると半分に減らすことが可能だと思いました。整理ダンスの引き出しは、上のひと並べしか見えないので、下の服を有効に使っていませんでした。それでも間に合っていたのですから、やはり半分に減らせるのです。

引き出しを棚式の家具にすれば、すべて見えるので、持っている服をフル活用できます。フル活用すれば、枚数もそれほど多くは要りません。省スペースを実現するには、家具を替えたほうがいいので、仕方なく整理ダンス類は処分することにしました。

和ダンスの中身は、これから必要な着物をまとめると3分の1に減らすことができるので、着物用の小さな桐の箱に収まりそうです。

洋ダンスの中身は、これ以上は減らせないと思いました。しかし、その中に掛かっている衣類の枚数は新しい家のクローゼットに収まるようなので、洋ダンスもなくても構わないません。

このように、ひとつずつ点検すると、全体として3分の1の量に減らせました。辛くはありましたが、夫にとっても会社に近いことなどメリットのほうが大きかったので、思い

きれたのです。この〝メリット〟こそ、未練を断ち切る原動力です。

◇〈食器類〉今ある3分の1の量に減らすためにしたこと

引っ越し先を考えたら、食器も3分の1は減らさなければなりません。

何年も使っていない食器、入れるところがあるからというだけで使わないのに取ってある食器を確認すると、減らせそうです。

どうして使う気にならないモノを取っておくのか、考えてみました。その理由は、2つに分かれます。

ひとつは、子どもが修学旅行で絵付けした湯呑みなどの思い出品。あとは〝枯れ木も山の賑《にぎ》わい〟で、一般的に高級だったり良さそうと思われたりしているモノならあっても構わない、と見栄も加担して持っている食器です。

それなのに、来客があってもそれらを使う気にならないのですから、本当に持っている意味がありません。改めてそれを感じました。

食器を減らすと、今まで日の目を見なかった、箱入りで保管していた好きな器も食器棚に並べることができます。

スペースが限定されたことで、潜在的に自分にも見栄があったことを知りました。しかし、これからは誰のためでもない、自分たちが満足することだけを考え、モノを持とうと思っています。例えば、パスタもフォークで食べるより、お箸のほうが食べやすければ、お箸を使う、というようにです。

◇〈タオル・シーツ類〉お金に換算して考えれば、答えは簡単

引っ越し先の洗面脱衣所にある収納スペースといえば、洗面台の上と下のキャビネットだけでした。そこに、これまで保存していた衣装箱2個分のタオル類が入るはずがありません。そこで、洗濯機の上にキャビネットを別注でつくって取りつけることにしました。扉も別注になるので、見積もってもらうと約10万円です。そこで考えました。

今ある量を入れようとするから、キャビネットが要る。タオルがなければ要らない。今、このタオル類を処分したとしても、一生のうち10万円もタオル代が要るはずがない。

そう考えて、自分たちの必要量と来客用と予備2枚だけを残してリサイクルし、キャビネットはやめて棚だけを自分でつけることにしました。きれいなタオルを置けば、見えていても問題ない、ホテル感覚のサッと取れる収納が可能です。

シーツ類も、天気の良い一日で乾きそうな日に洗濯すれば、予備も二人分で1枚のみあれば間に合います。使い古したら買えばいいのです。

◇自分勝手な「捨てる辛さのたらいまわし」をしていませんか？

買うことができない思い出品以外、かなり処分できることを確認しました。そして、残った分量をどこに入れるか、図面上で確認の上、引っ越しできることがわかりました。必要なシステム家具を設置した後、いよいよ引っ越しです。システム家具にする理由は、同じ視野に入る家具類を統一するためです。

狭い空間では、色、サイズ、デザインがバラバラになるとより狭く感じます。そこで食器棚もテーブルも、衣類を入れる家具も書棚も同じに統一する必要がありました。それにはさまざまなサイズ、機能が違っても統一したデザインになるシステム家具が便利です。

引っ越し当日の前の日に、目星をつけていたゴミにしかならない不要品を一斉に処分しました。

不要と判断したタンス類は、幾人にも声をかけ、〝嫁ぎ先〟を探して決めていました。家具の中身だけが荷物です。空になった家具と、使わない食器、タオル類などはガレージセールのように床に広げて、自由に持っていっていただくようにしました。ありがたいことに、すべてもらっていただきました。

嫁ぎ先を探すのは、粗大ゴミとして出すより大変ですが、誰かに使っていただくことで、罪悪感なしに処分することができます。

それでも、不要と思いながら、どうしても捨てがたいモノが、みかん箱10個分くらいあります。一応、引っ越し先へ運び、収納してみて、入りきらなかったらその分を捨てようと思っていましたが、入らない現実を目の前にしてもなかなか捨てられません。

それらを、遊びに来た友人をつかまえては、これ要らない？　と強要します。友人も「そうね、知り合いが使うかもしれないわ」とお慈悲で引き取ってくれました。

お慈悲とわかっていても、ゴミにするよりこちらは気がラクなのです。要は自分の前から、ゴミではないかたちで消え去れば、気が済んだのです。

しかし、それは考えてみると〝**捨てる辛さのたらいまわし**〟なのです。それをもっともらしくリサイクルなどと言っていました。

捨てるモノすべて、本当のリサイクル（再生）、リユース（再使用）ができればいいのですが、かなりのモノは結局ゴミになっているのが現実です。それを考えると、地球環境を変えずに100パーセント近く再生可能（それが真のリサイクルだと思います）になるまでは、できるだけ自分からはゴミをつくらないようにしよう、これからは、そのことをより意識してモノを手に入れよう、と思ったのです。

6章・片づけを楽しみに変える、ひと工夫

思いどおりの素敵な部屋に！ 飯田式「魔法のプログラム」

忙しい人、ものぐさな人のための、
〝5つのステップ〟

どんな人でも「整理収納上手」になれる方法

◇収納は「しまう」ではなく、「出して使うため」にするもの

整理収納はできる人にとっては、何が難しいの？　と不思議に思うようですが、できない人にとっては、どこから手をつけたらいいかわからない永遠のテーマと思われています。でも、ご安心ください。「整理収納」の正しい意味がわかれば、また、実行の順序を知れば、決して永遠のテーマではなくなります。

私は今まで誰も明確にすることがなかった（あまりにも日常のことだったからでしょう）掃除、片付けといった、「整理収納」の周辺の意識分け、またその仕組みなどを確立してみました。この章では、それを述べたいと思います。

良い収納とは、「自分が許せる範囲の整然感・美感の中で、使うモノを最も早く出し入れできること」に尽きると私は思います。

整然感・美感のレベルが高い人ほど（高いのが良いとは限りません。どんな場合でも自分が幸せに感じていられることが大切なのですから）、限られた空間の中に多くのモノは置けません。

家全体をひとつの本棚にたとえたとします。そこに229ページのイラストの①の状態で収まっていれば、整然感もあり、美的にも問題はありません。

もう少し増えると、上の空いたところにヨコにして詰めます。それが②の状態です。

さらに増えると、③のように手前に置きます。これが「別に見苦しいと思わない」という人は、上に詰めた分と手前に置いた冊数の分、本を多く持てます。しかし、「見苦しい」と感じる人は、置いたとしても、美的に許せないので、目に触れるたびに、「なんとかならないかしら」と思い続けるでしょう。

またまたさらに増やせば、④のように床などに置くことになります。

②③④のどの段階のどこまでが許せる？　は、人により、部屋により（リビングでは②の状態が限度だが、書斎なら③まで許せる、など）違ってくるということです。

また、限られた時間とスペースの中で、早く出し入れするには、適量以上のモノは持てません。それもこの本箱で確かめてみましょう。

①は適量なので、どの本もすぐ出し入れできます。

②でも、まだタイトルが見えるので、どれもすぐ出し入れでき、適量範囲です。
③になると、奥の本が見えなくなり、取るのに時間と手間がかかります。
④に至っては、奥の本と積み重ねられた下の本の出し入れが、かなり困難です。
つまり、多く持てば持つほど、早くてラクな出し入れ（良い収納）から遠退《とお の》いてゆくことになります。

本棚の収納の限界はわかりやすいのですが、家の場合はわかりづらいものです。でも本箱と同じで、間違いなく限界はあるのです。

ここで、改めて収納の目的を確かめましょう。

収納は収も納も「おさめる」という意味ですから、「しまう」が目的と思いがちですが、よく考えてみるとしまうのは、次に使うときに困らないためです。だから、**収納はしまうためではなく、「出して使うため」にするもの**と意識改革をしてください。

そう考えると、よく使うモノを、使う場所から離れた部屋の押し入れの奥に入れたり、積み重ねたりする気にはなりません。

「良い収納」をしたいのに、なかなかできない理由の大半は、定量オーバーのモノたちのせいです。

1 これがベスト！
2 ギリギリOK！
※タイトルがすべて見える。
3 奥の本が見えない！
4 トレーを使ってやっと♪

◇インテリアを存分に楽しみたいなら、まず「整理収納」を！

整理収納と片付けと掃除とインテリアの違い——これらを同列に考えている間、また同じ次元で扱うかぎり、〝良い収納〟を実現することは無理だと思います。なぜなら、これらの目的は、それぞれに違うからです。

1 「整理収納」とは、不要品を捨てることと、置き場所、入れ方を決めて配置することです。

2 「片付け」は、整理収納を経て収まったモノを、使った後、元の位置に戻す行為です。

3 「掃除」は、モノの表面についた汚れを定期的に取り除く行為です。

4 「インテリア」とは、飾ること、室内装飾をさします。

私は1と2までを整理収納と考えています。それをさらに分けると、整理は「持ち物の存在理由を明らかにする」「要らないモノを見極めて捨てる」ことで、収納は「適材適所に収める」ことです。この両者がなされて初めて、整理収納ができたと言えるのです。

整理を終え、秩序のある収納にすれば、どんなにモノが散らかっていても短時間で片付けることができます。使ったらすぐ戻す片付けができれば、掃除しながら片付ける必要がなくなり、汚れを取るだけの掃除に専念できます。

また、掃除だけなら、モノを捨てたり、モノの位置を変えたりするわけではないので、他人に頼むことも可能です。年の瀬になって、「あの押し入れの中、整理しなくては」などと慌てることなく、いつもより念入りな掃除をするだけで済むようになるのです。

では、4の「インテリア」は？　というと、これは整理収納を終えた人だけ、考え、楽しむ資格があるというものです。なぜなら、本来なら、収納が決まらなければ、部屋を飾ることはできないからです。

例えば、インテリアを先行させて、壁に絵を飾ったとします。そこに本箱を置くとすると、当然、収納量が少ない背の低い本箱になります。持っている本がそれに入りきらなければ、床に積み上げられたり、あちらこちらに分散することになります。それでは、せっかくの絵も部屋全体の中では映えません。

失敗のないインテリアは、整理収納をきちんと終えてから行なうものなのです。

整理・収納の正しい順序
――住み心地バツグンの家に生まれ変わる！

◇まずは、「モノが片づく5つのステップ」で住まいの体質改善

整然とした「いつでも人を呼べる家にしたい」「探しモノをしなくて済む、何でもすぐ出せる家にしたい」という希望があるのに、何から手をつければいいのかわからない、と途方に暮れている人は決して少なくありません。

また、収納家具類を買ったり、雑誌の収納特集を参考にして手づくりの収納箱をつくったりしていったんは片付いたけれど、2～3カ月たつと、また雑然とした部屋になってしまったという方も多いはずです。それは、目先の〝対症療法〟にすぎなかったからです。

整理収納は、家具を買うだけでも、スペースを増やすだけでもできるものではありません。捨てることも、移動することも必要になってきます。

「そうかもしれない」と思った方は、1章でも触れたそれらすべてのやり方が含まれる

モノが片付く5つのステップ（整理収納の法則）

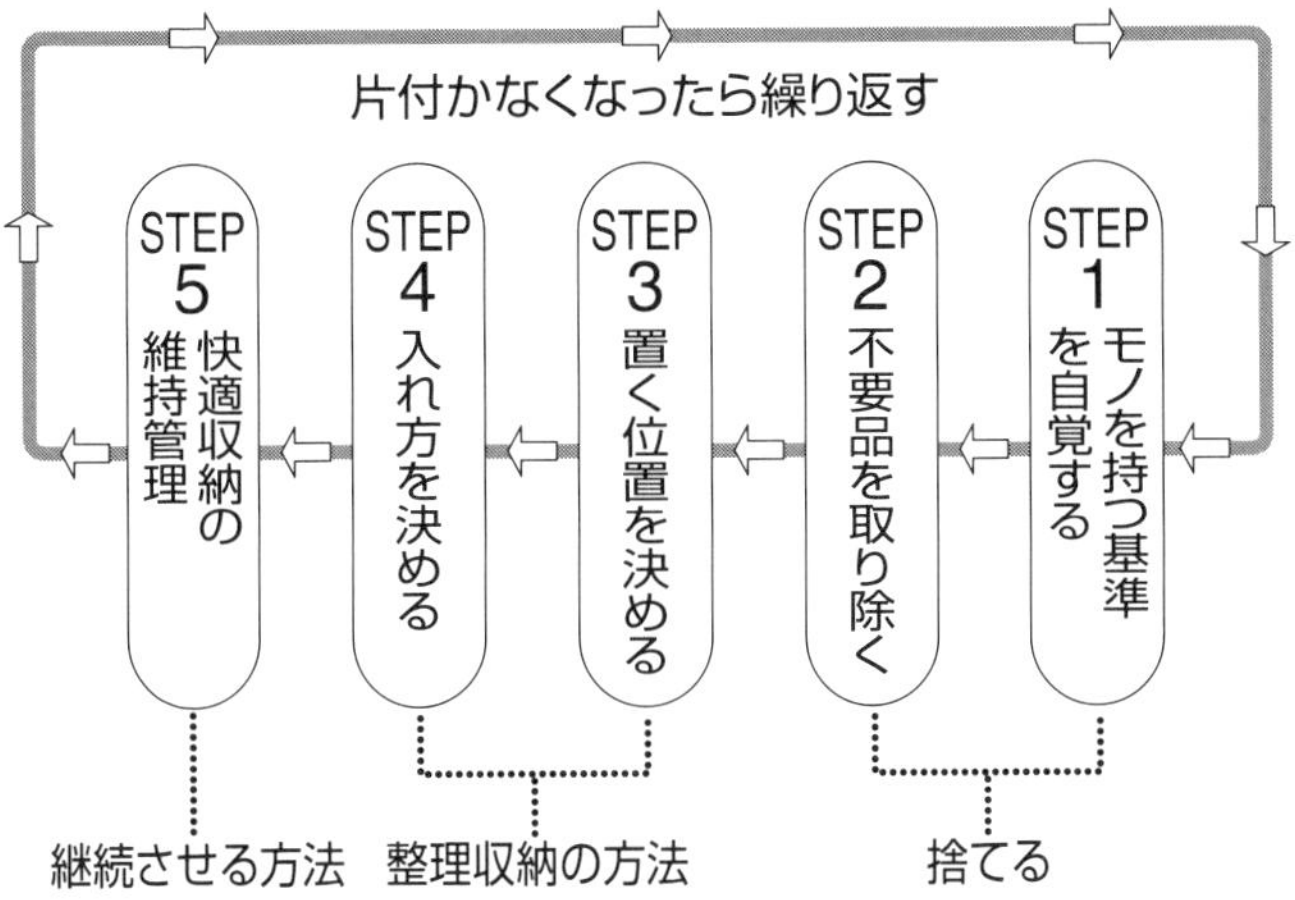
片付かなくなったら繰り返す
STEP 1 モノを持つ基準を自覚する
STEP 2 不要品を取り除く
STEP 3 置く位置を決める
STEP 4 入れ方を決める
STEP 5 快適収納の維持管理
捨てる
整理収納の方法
継続させる方法

「モノが片付く5つのステップ」を実行してください。これが、**住まい全体の〝体質改善〟的整理収納**です（上図参照）。

　このステップは、誰にでも、どの場所（オフィスなど）にでも使える収納の考え方です。

　整理収納の実行とは、快適な住まいにしたい、などの自分なりの頂上（目的）をめざす登山のようなもの、とこの本の冒頭でも述べました。

　ポイントとなるコースを間違わず、一歩一歩前に進めば、途中でうまくいかなくなってやり直しすることのない収納を実現させることができます。

　登山ですから、余計なモノを背負っているとそれだけ辛く、時間もかかります。だから、登り始めるときに要る？　要らない？　を確かめて、余計な荷物を「捨てる」のでしたね。

捨てるかどうかの見極めは、山のコースの状態、気象などを知らなければできません。そのことは整理収納で言えば、自分の生き方、生活、価値観などを自覚する、ということに当たります。

これまで述べてきた1〜5章は、STEP－1「モノを持つ基準を自覚する」と、STEP－2「不要品を取り除く」のための説明で、次からのSTEP－3〜4をスムーズに実行するためのものでもあるのです。

「捨てる」対「整理収納」、どちらがいいのか？　などと取り沙汰されることがありますが、整理収納の一環に「捨てる」があるのですから、こうした比較は全く意味のないことです。

◇「収納指数」で、家にあるモノの〝適材適所度〟をチェック！

さて、このプログラムを、「捨てる必要性」に焦点を当てながら、もう少し詳しく説明するとしましょう。

STEP－3「置く位置を決める」。これは、いかに歩かないで使いたいモノがある場所に行けるか？　を考えるステップです。〈キーワードは、「より少ない歩数」〉。

もしも、リビングでアイロン掛けをするとすれば、アイロン台・アイロン・シワのついた衣類・のりなどがリビングにあると、すぐ取れるのでやる気にもなりますし、また使った後、すぐ戻す気にもなります。

それが、寒い廊下を通らなければ取りに行けない家の端の物入れに収納しているとすると、いつも座るイスから約15歩の距離になります（２３７ページのイラスト間取り図参照）。アイロンなどを取ってくるまで往復30歩。使った後、戻すのにまた30歩で、出して戻すのに60歩必要です。１回で運びきれなければ、もっと歩数は増えます。

この**取りに行くまでの歩数**を、私は**「収納指数」**と名づけています。

60歩のままでは、使うときは仕方がないので取りに行きますが、使った後、「またすぐ使うし……」などと都合よく理由をつけて、リビングの片隅に置きかねません。

そのようなモノがひとつだけならまだいいのですが、10個あるとすると、散らかった部屋になります。そんなことにならないように、すぐ戻せる近い「家」を決めてあげなければなりません。

散らかるのは、よく使われるモノたちの「家」がないか、あっても遠いためです。「家」のないモノたちが部屋の中をうろうろしたり、迷子になっている状態なのです。

収納方法の大切な要素とは、**定位置となる「家」の決め方**にありました。

◇置き場所は、「行動パターン」にしたがって決める

先ほどのアイロンを、5歩で取れるリビング内の収納場所に移動したとすると、歩数は5歩×4で20歩。「収納指数」は前の60から20に下がりました。このように、ひとつずつのモノの「収納指数」を下げることを考えて実行することが、上手な「置く位置の決め方」なのです。

運良く物入れがあっても、中がすでに満杯、ということがあります。その場合は、その中でもリビングでよく使うモノを優先して残し、そこになくても構わないモノ、年に数回しか使わないモノをほかの収納場所に移動します。

何を優先させて近くに置くのかは、〝使用頻度〟に関わってきます。**使用頻度が高いモノは使う場所からより近くに**、使用頻度が低くなるにつれて遠くに置いてもいいのです。

もしも、理想の場所に置けなければ、次の候補として挙げられる場所を探します。例えば、リビングに収納場所がなければ、隣の和室の押し入れ、という具合にです。

さて、「ほかの場所に移動」と言いましたが、家中どこを見てももう入れる場所がない、

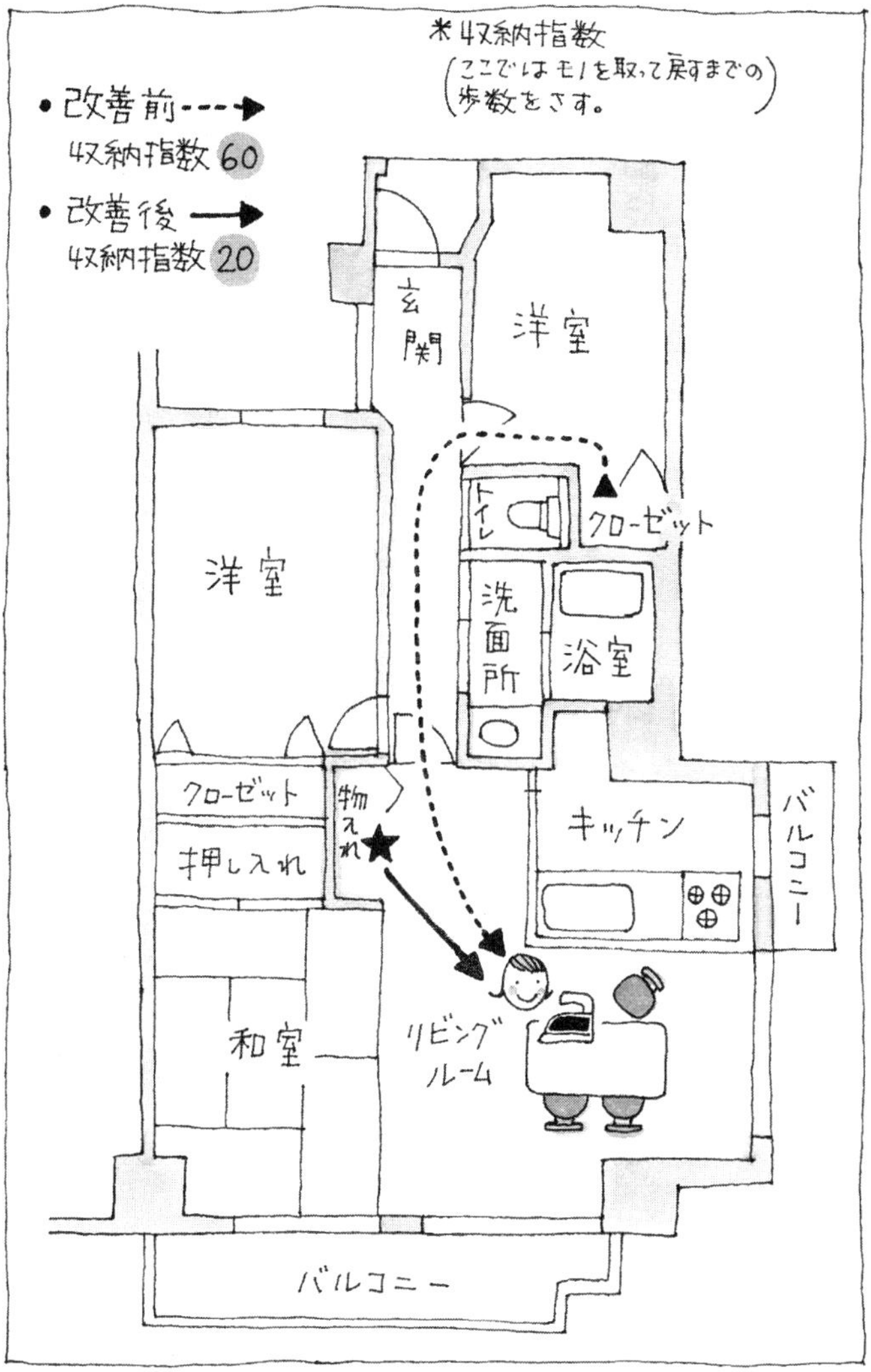

※収納指数
（ここではモノを取って戻すまでの歩数をさす。）
・改善前
収納指数 60
・改善後
収納指数 20
玄関
洋室
トイレ
クローゼット
洋室
洗面所
浴室
クローゼット
物入れ
押し入れ
キッチン
バルコニー
和室
リビングルーム
バルコニー

家具を増やしてそこに入れたいと思っても、家具を置く場所はもうない、ということが往々にしてあります。それが、**収納の限界**です。

そうなると、残された道は、「捨てる」しかありません。今までの章を参考に、自分なりに〝踏ん切り〟をつけてモノを減らします。

STEP－1でも「捨てる」作業をしていますが、そのとき思いきれなかったモノも、この時点では観念せざるを得ません。これが**〝踏ん切りはスペースでつける〟**ということです。

ですから、STEP－1とSTEP－2は何度も実行することになります。

それは登山にたとえると、途中まで登ったところでやっと「この荷物要らない」と悟り、荷を下ろすことなので、はじめにスパッと捨ててから登るより遠まわりすることになります。しかし、人によっては観念するために必要な時間なので、それも仕方がありません。自分で納得することが何よりも大切なのですから。

本当に使うモノであれば、寝る場所しか置けるスペースがなくても捨てることはできません。その限られたスペースの中で一番出し入れしやすい、入れ方を決めます。それが、次のステップです。

◇同時に使うモノをまとめて置く「関連収納」が使いやすい！

次のステップに進む前に、もう少し「置き方」について覚えておきましょう。

アイロンとアイロン台を一緒に置くように、同時に使うモノをまとめると、あちらからこちらへ取りに歩かなくても済むので、少ない歩数で使うモノが揃います。

同時に使うモノをまとめて置くことを、私は**「関連収納」**と名づけました。

古新聞と、それを結ぶひも。ひもがあれば、ハサミ。それは、梱包《こんぽう》するときに使うモノだから、ほかにガムテープとカッター。送り状もそこにあれば、荷物を発送する準備のために歩かないで済みます。古新聞、ひも、ハサミ、カッター、ガムテープ、送り状が関連収納で集まったモノです。

このように、行動別に地道に置き場所を決めていけば、「誰が見ても、どこに何があるか、ひと目でわかる収納」が実現します。

◇収納も「デジタル化」すると、効率的

「我が家ではこれが使う場所から一番近い」という「置き場所」が決まり、その位置まで歩きました。次は、そこで立ち止まって、**使うモノを手に取るまで、いかに動作の数を少なくするか**、を考えて実行します。それが、STEP-4「入れ方を決める」で、キーワードは少ない動作数です。

動作が多い少ないをはっきり示すために、それも数字に置き換えることにしました。これも「収納指数」です。

例えば、押し入れに、フタ式の収納箱を重ねて入れてある家は少なくありません。その一番下の箱の中身を取る身体の動きの回数を考えてみます。

まず、襖を開ける〔1回目〕、上の箱を下ろす〔2回目〕、次の箱も下ろす〔3回目〕、入っている箱を引き出す〔4回目〕、フタを開ける〔5回目〕の全5回の動作でやっと出てきます。

そのままにしておくと泥棒が物色した後みたいなので、逆の動作をまた5回して元に戻します。使った後、それと同じ往復の動作10回が必要です。

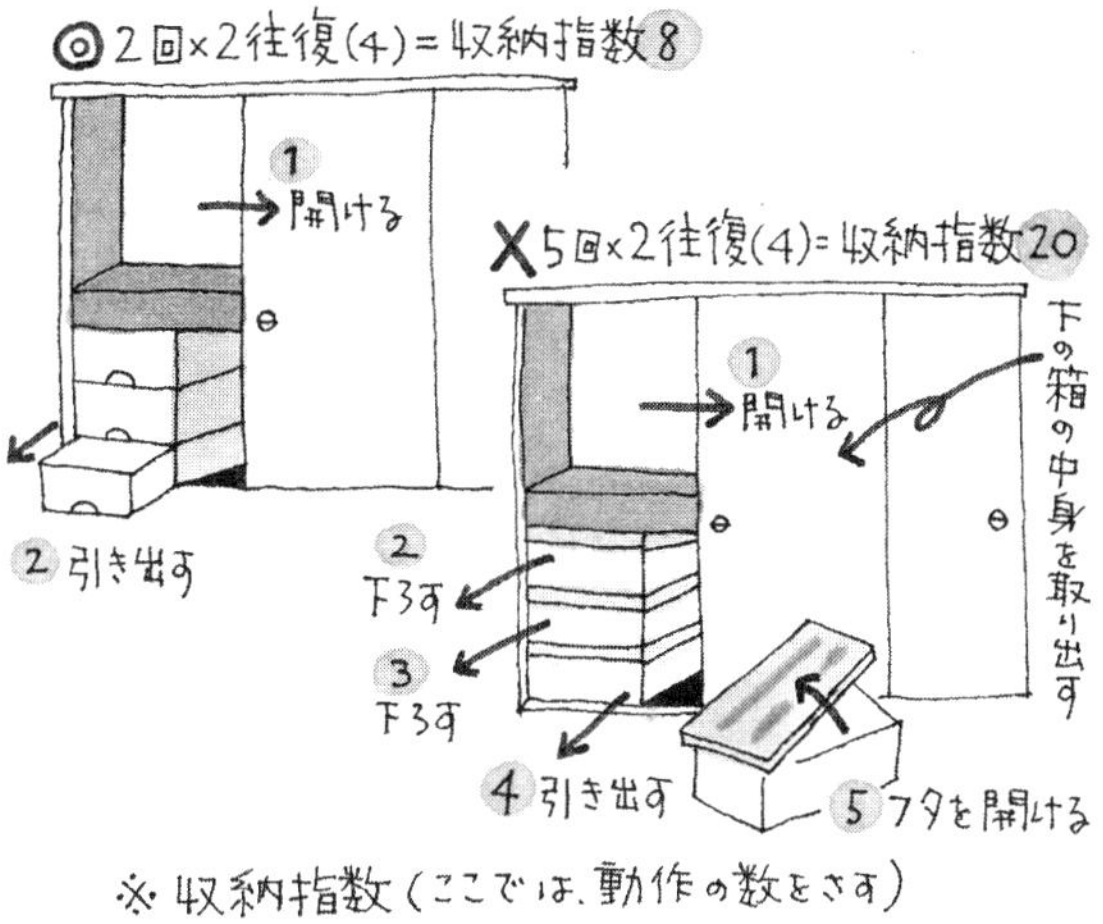
◎2回×2往復(4)＝収納指数8
1 開ける
2 引き出す
×5回×2往復(4)＝収納指数20
1 開ける
下の箱の中身を取り出す
2 下ろす
3 下ろす
4 引き出す
5 フタを開ける
※収納指数（ここでは、動作の数をさす）

単純な動作であっても重なれば、煩わしく、やりたくなくなるものです。

その回数を減らすために、引き出し式の箱に替えることにしました。それなら、襖を開ける〔1回目〕、引き出しを引く〔2回目〕の2回×4の動作数8回で出し入れできます。フタ式の箱を引き出しに換えることで、「収納指数」は20から8に下がりました。

前に例として挙げたアイロン道具ですが、リビングの物入れを置き場所に決めました。しかし、そこにほかの入れたいモノを入れていくと、どんどん重なってしまうので、下になったアイロン台を出すのがひと苦労です。

そのままの「収納指数」は、扉を開ける〔1回目〕、上のモノを4つどける〔2〜5回目〕、扉を閉める〔6回目〕と出し入れは全部で6回×4で「収納指数」は24です。

そこで、モノが重ならないように棚をつけました。すると、扉を開ける（1回目）、1回×4で「収納指数」は4。ひとつの動作だけで、すべてのモノが取り出せるようになりました。

入れ方の「収納指数」は24から4で20下がりました。置き場所の「収納指数」も40下がったので、成果は40＋20の収納指数を60下げる結果になりました。時間に換算すると「収納指数」1は1秒かかるとして、1分の短縮です。わずか1分！　と思いますが、これが毎日何回も何カ所にもなれば、1日1時間の短縮にもつながっていきます。

このように、「収納指数」が下がるほど、使ったら面倒くさがらずにサッサと戻せるようになり、いつでも人を呼べる家に近づくのです。

この「置き場所を決める」「入れ方を決める」のSTEP－3、4がいわゆる「収納の方法」です。

収納上手、収納下手となんとなくアナログ的な言い方がされてきましたが、**数字に置き換えることで、デジタル的に成果を見ることができる**のです。

収納は、いろいろ試してみるのが趣味ということでなければ、間に合わせ的なことはやめたほうがいいでしょう。

棚のつけ方など具体的な動作を少なくする方法、歩数を少なくする方法は、拙著『あなたの24時間が変わる 整理・収納の法則』（三笠書房）、『整理・収納108のヒント』（講談社）を参考にしていただければ幸いです。

◇「入れ方」のテクニック・コツだけでは、もう解決できない！

ここで、適量以上のモノがあると「収納指数」が多くなることを再確認しましょう。

229ページのイラストの本棚③の奥の本を取るときの動作を数えてみましょう。前の本を5冊どける（5回）で、出ます。しかし、そのままでは立ち去れないので、どけた本を戻します（5回）。出し入れ全部で5×4で「収納指数」20です。

それを、要らない本を見極めて、①②の適量範囲に減らすと、どの本を取るにも動作は0回で「収納指数」0です。

もしもイラストの本棚④のように5冊分をまとめて箱に入れれば、5冊の本をどけるのが1回で済み、1回×4で「収納指数」は4です。20マイナス4で「収納指数」を16下げたことになります。でも、このやり方はあまり美しくないので、こんなことをするより、私の場合は減らすことを考えようと思います。これは個人の好みです。

よく収納のテクニック、コツなどと言いますが、そのすべてはＳＴＥＰ－４「入れ方を決める」ことだったのです。

雑誌の収納特集、テレビの収納作戦などは、まだ主にこの部分なので、ＳＴＥＰ－１、２、３が抜けています。ＳＴＥＰ－１、２、３の必要性を知らなければ、また禊を済ませていなければ、頂上は見えていても、理想の整理収納の登頂に成功することはまず不可能でしょう。

◇ものぐさな人も片づけられる「動作ゼロ」のマジック

入れ方まで進んだら、家の中のモノが「適材適所」に収納でき、完了です。それを維持させなければなりません。それがＳＴＥＰ－５「快適収納の維持管理」で、まず、「使ったら戻す」が鉄則です。いくら、近くにあってすぐ取れても、戻さなければ、あったところに収まってはくれません。

「戻そうと思う気持ちはあるけれど、どうしても戻せない」ということはあるものです。

例えば、帰宅してすぐ洗濯物を取り込み、子どもの話に耳を傾けながら、すぐ食事の支度に取り掛からなければならない時間帯に、脱いだコート、上着などを２階のクローゼットまで運んではいられないようにです。だから、イスの背などに掛けてしまい、シワをつけてしまいます。脱いだ服の置き場所が、遠すぎるのです。

その場合は、脱ぐ場所の近くにコート掛けなどを設け、歩数を短くします。つまり、STEP－3「置く位置を決める」の軌道修正をするのです。

また、洗面台のうがい薬を、ガラス扉の中に入れたくないことがあります。日に何度も使うからです。

この場合も、意識しても戻す気になれない場合は、動作0になるように、カゴなどで「家」を設け、洗面台に置いたままで使えるようにします。これは、扉を開ける、という動作を0にするSTEP－4「入れ方を決める」の修正です。

心理的に戻せないこともあります。暗くて寒いから、引き出しが重いから、狭くて取り出しにくい……などの場合です。

このように、戻せない原因はどのステップにあるのかを見つけ、それを解消、修正していくのが、このSTEP－5の役割です。その場合も、モノが少ないほうが解消しやすいことを、収納を実行すれば、イヤでも実感してくるはずです。

また、むやみにモノを増やさない心掛けも必要です。それは、STEP－1と2を、葛藤しながらしっかり実行したか、否か、にかかってきます。

要・不要をしっかり考えて判断した人は、もう、何が自分にとって必要か？　これは買ってもすぐ飽きるかもしれない、また置き場所がない、などを即座に判断できるようになるので、むやみにモノを買わない人になります。

維持管理ができるかできないかは、ＳＴＥＰ－１、２の意識の持ち方次第となります。

◇この「5つのステップの繰り返し」で、もう二度と散らからない！

常に維持管理をしていても、片付かなくなることがあります。例えば、園児が小学生になると、ランドセル、机、学用品などで部屋が雑然としてくるようにです。

小学校に入学するとき、幼稚園のかばん、園服などが要らなくなると同時に、学習机などが増えてきます。すると、かばんを処分したり、机を置くために配置換えが必要になります。それは、ＳＴＥＰ－２「不要品を取り除く」、ＳＴＥＰ－３「置く位置を決める」の実行です。

あるいは老いを迎え、子ども夫婦と同居することになれば、要らない家具が出てきたり、取り出しやすいように家具の位置を替えたり、また探し物をしなくても済むように、入れ方を変える必要も出てくるでしょう。これは、ＳＴＥＰ－３「置く位置を決める」とＳＴ

EP－4「入れ方を決める」の実行です。

それを実行する場合、必要なステップだけ実行すればいいような気がしますが、必ずSTEP－1に戻り、STEP－2、3……と順に確認しましょう。

なんだかまわり道のようですが、無駄な買わなくてもいいはずの入れ物を買ったり、家具を何度も移動したりするなどをしなくて済みます。

このように、生活の変化とともに、収納も変わるのです。つまり、生きているかぎり、生活に変化があるかぎり、この「モノが片付く5つのステップ」をリピートし続けるのが整理収納なのです。

主な専門図書館の紹介
——これを知っていれば、手持ちの本を減らせる！

大宅壮一文庫
東京都世田谷区八幡山３－10－20
☎03－3303－2000
評論家・大宅壮一氏が残した雑誌20万冊をもとに設立。細分化された索引が使いやすい。

丸善本の図書館
東京都中央区日本橋２－３－10
☎03－3272－7211
「本に関するあらゆる相談に応じる」がポリシー。国内外の図書情報の検索設備あり。

日本産業デザイン振興会資料室
東京都港区浜松町２－４－１　世界貿易センタービル別館４F
☎03－3435－5640
世界中のグッドデザイン認定の工業デザイン関係資料、1957年からのGマーク全商品を閲覧できる。

アジア・アフリカ図書館
東京都三鷹市新川５－14－16
☎0422－44－4640
アジア・アフリカの言語、生活、芸能関連の蔵書が約３万冊ある。

六月社
東京都新宿区高田馬場３－８－13
☎03－3367－4772
娯楽誌を中心とする雑誌図書館。特定の雑誌をまとめて見たい人に便利。

日本近代音楽館
東京都港区麻布台１－８－14
☎03－3224－1584
明治以降の洋楽に関する蔵書が約30万冊。16歳以上に閲覧証を発行。

チラシ図書館
東京都中央区蛎殻町１－９－１　アポテックビル３Ｆ
☎03－3249－5155
チラシを集めたユニークな図書館。貸し出しは不可だが、コピーは可。

靴下博物館　坂田記念資料室
神奈川県横浜市港北区綱島西５－４－５
☎045－541－4257
靴下の歴史、作り方の変遷など、靴下の資料を集めた個性派図書館。

神奈川近代文学館
神奈川県横浜市中区山手町110
☎045－622－6666
神奈川県ゆかりの作家を中心に、同人誌も充実。日本近代文学に関する約70万件の資料がある。

アメリカン・センター・レファレンス資料室
東京都港区芝公園２－６－３　ABC会館11F
☎03－3436－0901
アメリカの政治・社会に関する情報が充実。資料はほとんどが英文。

文京区立鷗外記念本郷図書館
東京都文京区千駄木１－23－４
☎03－3828－2070
森鷗外の遺品、原稿、書簡なども展示。文京区立図書館に併設する。

俳句文学館
東京都新宿区百人町３－28－10
☎03－3367－6621
正岡子規以降の近・現代俳句資料館。23万冊の俳誌を所蔵、
著名俳人の短冊類も展示する。

大阪府立上方演芸資料館「ワッハ上方」
大阪府大阪市中央区難波千日前12－７　YES・NAMBAビル
☎06－6631－0884
落語、漫才など上方文化を、豊富な文献や映像・音声で紹介する。

日仏会館図書室
東京都渋谷区恵比寿３－９－25
☎03－5421－7643
フランスの人文、社会科学の文献が揃う。日仏会館会員以外でも利用可。

聖書図書館
東京都中央区銀座４－５－１
☎03－3567－1995
513言語、約5000冊の聖書を所蔵する。辞書、研究所もあり。

世界旅の情報ステーション
大阪府大阪市浪速区湊町１－４－１　OCATビル４F
☎06－6635－3013
ガイドブック、地図、時刻表など、海外旅行に役立つ資料が満載。

味の素　食の文化ライブラリー
東京都中央区京橋１－16－７　味の素本社ビル別館２F
☎03－5250－8357
食文化に関する書籍、学術論文、雑誌、ビデオまでを所蔵した、「食」の専門図書館。

横浜開港資料館
神奈川県横浜市中区日本大通り３
☎045－201－2100
江戸時代から大正、昭和初期までの横浜に関する資料、文書などを所蔵。

秩父宮記念スポーツ図書館
東京都新宿区霞ヶ丘町10　国立競技場内
☎03－3403－1151
スポーツに関する入門書から国体、オンリピックの資料まで、約３万冊を所蔵。

関西ドイツ文化センター
京都府京都市左京区吉田河原町19－３
☎075－761－2188
ドイツに関連する8000冊の蔵書のほか、新聞、雑誌、ビデオ、CD等の資料がある。

浅草文庫
東京都台東区雷門２－18－９　浅草文化観光センター３Ｆ
☎03－3845－3591
浅草に関する情報は何でも揃う。浅草観光連盟設立30周年を記念してつくられた。

蓬左文庫
愛知県名古屋市東区徳川町1001
☎052－935－2173
尾張徳川家旧蔵書を中心とする和漢の古典籍が約10万点。マイクロフィルムによる複写のみ可。

航空図書館
東京都港区新橋１－18－１　航空会館６Ｆ
☎03－3502－1205
明治時代の航空資料から膨大な量の新聞スクラップまでを所蔵。

交通博物館図書室
東京都千代田区神田須田町１－25
☎03－3251－8481
陸・海・空の交通全般に関する資料が収められている。鉄道関係が特に充実。

忠臣蔵図書館
東京都足立区島根２－20－１
☎03－3887－5130
館長中島康夫さんの忠臣蔵に関する個人コレクションを開放。来館時には電話予約を。

御園座演劇図書館
愛知県名古屋市中区栄１－６－14
☎052－222－8223
歌舞伎、能など日本の伝統芸能の専門図書館。友の会に入会すれば貸し出しも可。

東書文庫
東京都北区栄町48－23
☎03－3927－3680
江戸時代の寺子屋の教科書から現在のものまで、教科書のほぼすべてを網羅する。

証券広報センター証券情報室
東京都中央区日本橋茅場町１－５－８　東京証券会館１F
☎03－3667－2754
経済・金融に関する記事のスクラップファイルが中心。財テク・就職情報収集に便利。

ちひろ美術館図書室
東京都練馬区下石神井４－７－２
☎03－3995－0612
絵本作家・いわさきちひろの作品を、絶版ものも含めて約2500冊閲覧できる。

㈶沖縄協会資料室
東京都千代田区霞が関３－６－15　グローリアビル７F
☎03－3580－0641
沖縄に関する書籍、雑誌、統計書、研究機関誌などを分野別に保存している。

早稲田大学坪内博士記念演劇博物館
東京都新宿区西早稲田１－６－１
☎03－5286－1829
演劇関係の図書、資料が、洋書も含めて15万冊収められている演劇図書館の総本山。

農文協図書館
東京都練馬区立野町15－45
☎03－3928－7440
農林水産を中心に、民俗学、環境・教育問題など幅広いジャンルの本・資料を所蔵。

現代マンガ図書館
東京都新宿区早稲田鶴巻町565
☎03－3203－6523
「鉄腕アトム」などの名作マンガから現代の人気マンガまで。マニア必見の希少本も。

大阪国際児童文学館
大阪府吹田市千里万博公園10－６
☎06－6876－8800
わが国最初の児童文学に関する国際的研究機関。親子で楽しめるコーナーなども充実。

㈶日本離島センター
東京都千代田区永田町１－11－32　全国町村会館西館５Ｆ
☎03－3591－1151
島に関する資料、書籍、新聞、雑誌などが豊富に揃う。

経済広報センター　広報ライブラリー
東京都千代田区大手町１－６－１　大手町ビル３Ｆ
☎03－3201－1416
550種類の企業の広報誌を中心に集めた、時代のトレンドがわかる図書館。

自転車文化センター
東京都港区赤坂１－９－３　日本自転車会館３号館３Ｆ
☎03－3586－5930
自転車に関するありとあらゆる情報が揃う。「自転車情報検索システム」は特に好評。

「捨《す》てる！」快適生活《かいてきせいかつ》

著　者――飯田久恵（いいだ・ひさえ）

発行者――押鐘冨士雄

発行所――株式会社三笠書房

〒112-0004 東京都文京区後楽1-4-14
電話：(03)3814-1161（営業部）
　　：(03)3814-1181（編集部）
振替：00130-8-22096
http://www.mikasashobo.co.jp

印　刷――誠宏印刷

製　本――宮田製本

編集責任者　迫　猛
ISBN4-8379-1884-0 C0077
Ⓒ Hisae Iida Printed in Japan
落丁・乱丁本はお取替えいたします。
＊定価・発行日はカバーに表記してあります。

収納カウンセラー
飯田久恵

あなたの24時間が変わる
整理・収納の法則

◆「快適な空間」をつくる、賢いゼイタクな選択

◎この整理収納によって、「明日の生き方」まで変わる！

■一度、系統だてて整理収納を実行すると、いろいろな発見があります。どんな時間の使い方をしているか、自分にとって何が本当に必要か――モノを通して、これまで歩いてきた道のりを確認し、これからの生き方を意識しなおす、これこそが整理・収納上手の最大の「メリット」なのです！

◎これまでの常識をいったん捨ててください
――住まいで、オフィスで、この法則がモノを言う！

■「整頓」と「整理」は、根本的に違う
■「しまう」から「出して使う」への発想転換
■「整理収納」の正しい順序とは？
■「モノを増やす悪循環」を断ち切る法
■持ち物の「保存期間」を、どう判断する？
■「行動別分類」と「部屋別分類」
――置き場所は、こう決める！
■連想ゲームで「関連収納」

部屋の居心地が劇的に変わります！

三笠書房